hänssler

Steffen Kern
Uwe Rechberger

Eine Taufe – tausend Fragen

Wie wir ein
Gottesgeschenk
neu entdecken

Hänssler-Taschenbuch
Bestell-Nr. 394.798
ISBN 978-3-7751-4798-9

© Copyright 2008 by Hänssler Verlag
im SCM-Verlag GmbH & Co. KG, D-71087 Holzgerlingen
Internet: www.haenssler.de
E-Mail: info@haenssler.de
Umschlaggestaltung: krausswerbeagentur.de, Herrenberg
Titelbild: fotolia © Kristian Peetz
Satz: typoscript GmbH, Kirchentellinsfurt
Druck und Bindung: Ebner & Spiegel, Ulm
Printed in Germany

Inhalt

Anstelle eines Vorworts

Liebe Leserin, lieber Leser,

die Taufe ist ein heißes Eisen. Wer es anpackt, kann sich eigentlich nur die Finger verbrennen. Zu oft wurde und wird unter Christen darum gestritten. Ganze Kirchen und Gemeinschaften haben sich wegen Fragen rund um die Taufe getrennt. Bis heute reißt die Taufe viele Gräben auf, wobei – und da müssen wir uns gleich korrigieren: Nicht die Taufe reißt Gräben auf, sondern das jeweilige Verständnis der Taufe. Die Taufe selbst trennt nicht, im Gegenteil: Die Taufe verbindet. Davon zumindest ist das Neue Testament überzeugt. Paulus mahnt die Gemeinde in Ephesus:

> »Seid darauf bedacht, zu wahren die Einigkeit im Geist durch das Band des Friedens: *ein* Leib und *ein* Geist, wie ihr auch berufen seid zu *einer* Hoffnung eurer Berufung; *ein* Herr, *ein* Glaube, *eine* Taufe; *ein* Gott und Vater aller, der da ist über allen und durch alle und in allen.«

> (Epheser 4,3-6)

Die Taufe ist also das **Zeichen der Einheit** unter uns Christen, denn sie ist das Zeichen unseres Herrn: Wir gehören zu Jesus Christus. In ihm ist die Einheit der Gemeinde verbürgt, in ihm allein. Deshalb wollen wir um diese Einheit ringen. Es ist traurig, ja geradezu tragisch, dass dieses Zeichen immer wieder zu schmerzlichen Trennungen geführt hat. Gott schenkt uns eine Taufe, aber wir haben tausend Fragen, die uns hindern, sein Geschenk anzunehmen.

Mit diesem Buch wollen wir dazu beitragen, in der Taufe wieder neu ein großes Geschenk unseres Gottes zu entdecken. Dabei werfen wir die Fragen auf, die uns immer wieder begegnen, sei es bei Gemeindeabenden, in Gemeinschaften, in CVJMs oder in Diskussionen mit unseren Studentinnen und Studenten im Bengelhaus. Die Taufe erhitzt die Gemüter und bewegt die Herzen. Deshalb haben wir zwar nicht tausend, aber immerhin vierzig Fragen zusammengestellt, die sich wohl die meisten Christen so oder so ähnlich schon einmal gestellt haben. Zumindest aber betreffen sie jeden Christen persönlich. Dazu gehört längst nicht nur die Frage nach der Kindertaufe oder nach der Erwachsenentaufe. Worin unterscheiden sich etwa Kindertaufe und Kindersegnung? Ist die Taufe ein Bekenntnis? Soll ich mich ein zweites Mal taufen lassen? Komme ich als Getaufter automatisch in den Himmel? Und: Wie kann ich bewusst als Getaufter oder als Getaufte leben?

Wir haben uns bemüht, kurze und prägnante Antworten zu geben und ganz von der Bibel her zu argumentieren. Dabei ringen wir um die eine Taufe, die uns Gott schenkt, und wollen damit zugleich einen Beitrag zur Einheit unter uns Christen leisten. Natürlich haben wir dabei auch zu einer Position gefunden. Als wir dieses Buch gemeinsam erarbeitet haben, hat es uns überrascht und zugleich sehr gefreut, wie nah beieinander unsere Formulierungen sind. Als Pfarrer der Evangelischen Landeskirche, die in den Gemeinschaften des Pietismus, dem CVJM und dem Evangelischen Jugendwerk zu Hause sind, hinterfragen wir dabei auch unsere eigene Praxis. Bereits in unserer eigenen geistlichen Heimat begegnen uns unterschiedliche Ansichten zur Taufe. Wie viel mehr noch unter den Schwestern und Brüdern aus vielen Freikirchen, Verbänden und anderen Gemeinschaften, mit denen wir herzlich verbunden sind. An sie alle richtet sich dieses Buch. Wir wollen keiner Tradition nach dem Mund reden. Vielmehr stellen sich uns von der Bibel her kritische Anfragen, die die Taufpraxis in manchen Freikirchen ebenso infrage stellen wie die in den Volkskirchen.

Dank schulden wir dem Hänssler Verlag, allen voran unserer Lektorin Uta Müller. Vielen Dank, dass ihr dieses Buch ermöglicht und zwei Autoren mit ihren fixen Ideen ertragen habt! Ein herzliches Dankeschön auch unseren Kollegen im Bengelhaus für euren gelehrten Rat und eure treue Begleitung, unseren Sekretärinnen für euren unermüdlichen Einsatz, unserer Hausmutter für Kaffee und unzählige belegte Brötchen. Es ist ein Vorrecht, mit euch zusammenarbeiten zu dürfen!

Eine letzte Bitte: Seien Sie als Leserin oder Leser barmherzig mit uns. Unsere Einsicht ist begrenzt. Vieles könnte ergänzt, manches vielleicht auch korrigiert werden. Wir bitten Sie, sich nur einen Moment für die Impulse dieses Buches zu öffnen. Prüfen Sie unsere Aussagen an der Bibel und behalten Sie das Gute! Unsere Hoffnung ist, dass Sie dabei tatsächlich ein Gottesgeschenk ganz neu entdecken.

Mit herzlichen Grüßen
Ihre

1. Warum taufen wir eigentlich?

Taufe – seit über zwei Jahrtausenden wird sie verkündigt und gefeiert. Aber warum eigentlich? Nur, weil es immer schon so war? Weil die Kirche es so wollte? Aus Angst vor bösen Mächten oder davor, Gottes Segen zu verpassen?

Warum taufen wir eigentlich? Am Anfang unseres gemeinsamen Weges in diesem Buch steht eine schlichte und zugleich unendlich kostbare Antwort: weil Jesus es geboten hat. So kurz und einfach die Antwort erscheint, so weitreichend und verheißungsvoll ist sie. Kein anderer als der Gottessohn Jesus Christus selbst hat die Taufe geboten.

Taufet sie auf den Namen des Vaters und des Sohnes und des Heiligen Geistes.

> »Und Jesus trat herzu und sprach zu ihnen: Mir ist gegeben alle Gewalt im Himmel und auf Erden. Darum gehet hin und machet zu Jüngern alle Völker: Taufet sie auf den Namen des Vaters und des Sohnes und des Heiligen Geistes und lehret sie halten alles, was ich euch befohlen habe. Und siehe, ich bin bei euch alle Tage bis an der Welt Ende.«
>
> (Matthäus 28,18-20; vgl. Markus 16,15 f.)

Wer die Taufe als kirchliches Zwangsritual betrachtet, um Mitglieder zu gewinnen, oder wer sie als gesellschaftliches Kulturgut anlässlich der Geburt ansieht, übersieht nicht nur das Gebot von Jesus, sondern auch seine Verheißung. Die Taufe wurde von Jesus Christus selbst eingesetzt. Jesus Christus will, dass ich getauft bin und das Meine dazu beitrage, dass »alle Völker« auf den Namen des Vaters und des Sohnes und des heiligen Geistes getauft werden. Das wird noch bedeutsamer,

wenn wir bedenken, dass es sich beim sogenannten Tauf- und Missionsbefehl um den letzten Willen von Jesus handelt und um seine letzten Worte. Danach ist er zu seinem himmlischen Vater zurückgekehrt.

Dieses Gebot »Taufet!« nimmt uns nicht nur in die Pflicht zu taufen. Jesus umrahmt sein Gebot mit der Verheißung seiner Macht und Nähe. Beides, das Gebot und die Verheißung, gibt der Taufe eine einzigartige Würde und Kraft. Ich bin getauft, weil Jesus, der gegenwärtige Herr des Himmels und der Erde, dies so wollte.

2. »Auf den Namen des dreieinigen Gottes« – was bedeutet das?

In der Telefonzelle steht eine Frau und blättert im Telefonbuch. Mehrere Leute warten ungeduldig vor der Zelle. Schließlich öffnet einer der Wartenden die Tür und sagt höflich: »Sie scheinen sich nicht zurechtzufinden; kann ich Ihnen vielleicht behilflich sein?« »Ach nein«, lehnt die Frau dankend ab, »ich will ja gar nicht telefonieren. Unser Baby soll getauft werden, und da suche ich bloß einen hübschen Namen.«

In der Tat ist bei der Taufe der Name des Täuflings wichtig. Allerdings erhält kein Täufling erst bei der Taufe seinen Vor- oder gar Nachnamen. Vielmehr wird uns als Person mit Vor- und Nachnamen in der Taufe der Name des dreieinigen Gottes zugesprochen.

Der Vorname macht einen Menschen ansprechbar. Der Nachname weist ihn als Kind und Mitglied einer bestimmten Familie aus. Nehmen wir an, ein gewisser »Michael Müller« wird getauft. Wenn nun zu diesen Vor- und Nachnamen der Name des dreieinigen Gottes kommt, bedeutet dies, dass er jetzt nicht mehr nur Michael heißt und ein Kind der Eheleute Müller ist, sondern nun zu Gott selbst gehört. Mit der Taufe »auf den Namen des Vaters und des Sohnes und des heiligen Geistes« tritt zum Namen Michael Müller der Name des dreieinigen Gottes. Dieser neue Name weist Michael nicht mehr nur als Kind seiner Eltern aus, sondern als ein Kind des lebendigen Gottes: Michael Müller Gotteskind.

Michael gehört von nun an zu Gott, und umgekehrt hat Gott sich an Michael gebunden und damit auch die Verantwortung für ihn übernommen. Die geistliche und seelsorgerliche Bedeutung ist kaum zu ermessen, nicht nur für den Täufling, sondern bei einer Säuglingstaufe auch für seine Eltern oder sonst für die, die zu ihm gehören: Welch eine Entlastung ist es für Eltern,

Mit der Taufe gehören wir zu Gott.

wenn nicht mehr sie das letzte Glied in der Namensreihe bilden und damit die letzte Verantwortung für ihr Kind zu tragen haben, sondern sie ihr Kind und mit ihm sich selbst mit ihrem Familiennamen dem Namen Gottes unterstellen dürfen. Jetzt steht Gott »hinter ihnen« und ihrem Namen.

Zusammengefasst können wir festhalten: Dass wir auf den Namen des dreieinigen Gottes getauft werden, bedeutet: Wir gehören zu ihm. In der Taufe geht es um »Zugehörigkeit«. Deshalb wird in Taufgottesdiensten häufig Jesaja 43,1 zitiert und dem Täufling im Namen Gottes zugesprochen:

> »Fürchte dich nicht, denn ich habe dich erlöst; ich habe dich bei deinem Namen gerufen; du bist mein!«
>
> (Jesaja 43,1)

3. Was geschieht in der Taufe?

Fragt man Eltern und Paten, weshalb sie die Taufe ihres Kindes wünschen, erhält man häufig zur Antwort, dass ihnen Gottes Schutz und Segen für ihr Kind wichtig ist. Das ist nicht falsch, hat aber nur indirekt etwas mit der Taufe zu tun. In erster Linie geht es in der Taufe um etwas anderes, Weitreichenderes, dessen Folge erst Gottes Schutz und Segen sind.

Was in der Taufe geschieht – davon schreibt Paulus im Brief an die Römer. Dabei schildert er auf seine ganz eigene Weise die neue »Zugehörigkeit«.

> »Wisst ihr nicht, dass alle, die wir auf Christus Jesus getauft sind, die sind in seinen Tod getauft? So sind wir ja mit ihm begraben durch die Taufe in den Tod, damit, wie Christus auferweckt ist von den Toten durch die Herrlichkeit des Vaters, auch wir in einem neuen Leben wandeln. Denn wenn wir mit ihm verbunden und ihm gleich geworden sind in seinem Tod, so werden wir ihm auch in der Auferstehung gleich sein. Wir wissen ja, dass unser alter Mensch mit ihm gekreuzigt ist, damit der Leib der Sünde vernichtet werde, sodass wir hinfort der Sünde nicht dienen. Denn wer gestorben ist, der ist frei geworden von der Sünde. Sind wir aber mit Christus gestorben, so glauben wir, dass wir auch mit ihm leben werden.«
>
> (Römer 6,3-8)

Paulus beginnt ganz ähnlich wie Jesus im Taufbefehl: Wer getauft ist, ist auf Jesus Christus getauft, auf seinen Namen und damit auf ihn als Person. Wer getauft ist, gehört zu Jesus Christus. Neu und einzigartig ist, wie Paulus fortfährt, wenn er zwei konkrete Ereignisse – seinen Tod und seine Auferstehung – aus dem Leben von Jesus Christus herausgreift und die Taufe darauf bezieht. Was Paulus damit sagen will: In der Taufe bekommt der Getaufte Anteil am Kreuzestod von Jesus Christus und an seiner Auferstehung. Sünde hat den Tod zur Folge. Unmissverständlich hat Gott dies schon im Paradies erklärt (vgl. 1. Mose 2,17). Paulus bestätigt das mit seinen Worten: »Der Sünde Sold ist der Tod« (Römer 6,23). Seit Adam ist das die Realität dieser Welt. Seit Adams Sündenfall gibt es keinen Menschen mehr, der ohne Sünde ist. Jeder Mensch ist vor Gott schuldig und muss deshalb sterben – wäre da nicht Jesus. Weil Jesus stellvertretend für mich und meine Schuld am Kreuz gestorben ist, muss ich den ewigen Tod nicht mehr sterben. Ich darf in der Taufe sterben, in der Taufe auf den Namen Jesus Christus. Im Vollzug der Taufe auf den Namen Jesus Christus wird der Tod von Jesus Christus auf mich als Täufling übertragen. In der Taufe bin ich mit Christus »mitgestorben«.

Das klingt fremd in unseren Ohren. Und ganz begreifen können wir das wohl nie. Aber gerade das ist das Geheimnis des Kreuzes und auch das Geheimnis der Taufe: Gott schenkt mir, was Jesus für mich am Kreuz erworben hat. Seine Gnade gilt mir im Leben und im Sterben. Er verspricht mir, dass ich auferstehen und mit Jesus leben werde, so wie er selbst auferstanden ist.

Das ist ein doppeltes Versprechen:

1) Wer glaubt und getauft ist, wird einmal mit Jesus Christus zum ewigen Leben auferstehen.

2) Wer glaubt und getauft ist, lebt schon jetzt ein neues Leben.

Ewiges Leben beginnt nicht erst im Himmel. Schon jetzt sind wir neue Menschen. Wir gehören nicht mehr Sünde, Tod und Teufel. Unser Herr heißt Jesus Christus. Das zeigt sich in unserem Leben als Christen. In der Taufe vollzieht sich ein Herrschaftswechsel. Wer mit Jesus Christus gestorben ist, lebt schon jetzt als neuer Mensch. Untrennbar werde ich in der Taufe mit Jesus Christus verbunden und verschweißt. Ich bin zusammen mit meinem Herrn gestorben, um mit ihm auch zu leben, jetzt und ewig bei seiner Wiederkunft.

> *Untrennbar werde ich in der Taufe mit Jesus Christus verbunden und verschweißt. Ich bin zusammen mit meinem Herrn gestorben, um mit ihm auch zu leben, jetzt und ewig bei seiner Wiederkunft.*

4. Warum ließ Jesus sich taufen?

Diese Frage könnte man jetzt einwerfen. Jesus war doch sündlos und hatte als Sohn Gottes schon das ewige Leben. Er hätte sich doch gar nicht mehr taufen lassen müssen. Jesus lässt sich trotzdem taufen. Damit verdeutlicht er ein Zweifaches: Zum Einen stellt er sich als der Sündlose ganz auf die Seite der Sünder.

In seiner Taufe geht Jesus einen Schritt weiter auf sein Kreuz zu.

Über diese Solidarisierung hinaus verweist die Taufe von Jesus zum Zweiten auf seinen tatsächlichen Tod. In seiner Taufe geht Jesus einen Schritt weiter auf sein Kreuz zu. Diese Linie von seiner Taufe zu seinem Tod am Kreuz deutet Jesus mehrmals ausdrücklich an:

>»Aber ich muss mich [...] taufen lassen mit einer Taufe, und wie ist mir so bange, bis sie vollbracht ist!«
>
> (Lukas 12,50)

>»Jesus aber sprach zu ihnen: Ihr wisst nicht, was ihr bittet. Könnt ihr den Kelch trinken, den ich trinke, oder euch taufen lassen mit der Taufe, mit der ich getauft werde? Sie sprachen zu ihm: Ja, das können wir. Jesus aber sprach zu ihnen: Ihr werdet zwar den Kelch trinken, den ich trinke, und getauft werden mit der Taufe, mit der ich getauft werde [...].«
>
> (Markus 10,38 f.)

In der Taufe sterben nicht nur wir. Jesus selbst versteht seine Taufe als einen Schritt in den Tod.

5. Was gehört unbedingt zu einer Taufe dazu?

Im Religionsunterricht fragt der Lehrer: »Welche Elemente gehören zu den beiden Sakramenten Taufe und Abendmahl?« Meldet sich der erste Schüler: »Zum Abendmahl gehören Brot und Wein.« »Und zur Taufe?«, fragt der Lehrer zurück. Die Antwort kommt prompt: »Kaffee und Kuchen.«

In Brot und Wein empfangen wir im Abendmahl Christi Leib und Blut. Das stimmt. Was aber zeichnet die Taufe aus? Die Antwort gibt uns eine weitere Erklärung für das, was in der Taufe geschieht. Wesensmäßig zur Taufe gehört das Wasser und als Wort Gottes das trinitarische Taufwort in Anlehnung an den Taufbefehl von Jesus Christus: »Ich taufe dich auf den Namen Gottes, des Vaters und des Sohnes und des Heiligen Geistes.« Wie wir im Abendmahl Brot und Wein nur durch die Einsetzungsworte als Leib und Blut von Jesus Christus genießen, wird auch das Taufwasser erst durch das Taufwort zu dem,

Beides gehört zusammen und mehr braucht es auch nicht: Wasser und Gottes Wort im Zuspruch seines dreieinigen Namens.

was es ist und tut. Beides gehört zusammen und mehr braucht es auch nicht: Wasser und Gottes Wort im Zuspruch seines dreieinigen Namens. Doch weshalb ausgerechnet Wasser? Wasser reinigt. Wasser gibt Leben. Und zugleich kann Wasser töten. Im Element des Wassers ist wieder beides enthalten, der Tod und das Leben, der Untergang des Sünders und die Gabe des neuen Lebens.

6. Wasserbecken oder Taufstein – wo und wie soll getauft werden?

Wahrscheinlich gehörte das Untertauchen im ersten Jahrhundert zur gängigen Taufpraxis. Aber schon in der frühen Kirche war es auch möglich, durch dreimaliges Gießen von Wasser auf den Kopf des Täuflings die Taufe zu vollziehen. Beispielhaft ist hier eine christliche Lehrschrift, die um 100 n. Chr. entstanden ist, die sogenannte Didache.

> Wenn du aber kein »lebendiges [fließendes] Wasser« hast, »dann gieße auf den Kopf dreimal Wasser auf den Namen des Vaters und des Sohnes und des Heiligen Geistes.«
>
> (Didache 7,3)

So ist die Frage nach dem Taufbecken oder dem Taufstein hinfällig. Für die biblischen Texte ist allein fließendes Wasser und der Zuspruch des Taufwortes, also der trinitarischen Taufformel, zwingend, um von einer christlichen Taufe zu sprechen. Dennoch kommt das Untertauchen der biblischen Praxis am nächsten. So braucht auch am Taufstein mit Wasser nicht gespart zu werden.

Die Frage nach dem »Wo« der Taufe dürfen wir dennoch nicht übergehen. Wenn wir als herausragende Bedeutung der Taufe die Einladung festhalten, zum dreieinigen Gott und damit zur »Familie Gottes« zu gehören, wird dem am ehesten mit einer Tauffeier im

Mit der Taufe begeben sich der Täufling und die versammelte Gemeinde als Glieder des Leibes Christi miteinander auf den Weg.

Hauptgottesdienst der Gemeinde entsprochen. Mit der Taufe begeben sich der Täufling und die versammelte Gemeinde als Glieder des Leibes Christi miteinander auf den Weg.

Zur weiteren Ausgestaltung der Tauffeier finden wir in der Bibel zumindest keine verbindlichen Angaben. Dennoch gibt es neben den zwei genannten Stücken, die die Taufe erst zu einer solchen machen, weitere – man könnte sagen – unverzichtbare Stücke:

> Unverzichtbar für eine Taufe ist die Erinnerung an den Missions- und Taufbefehl von Jesus, wie ihn Matthäus 28,18-20 überliefert.

> Ferner bildet das Bekenntnis des Glaubens einen unverzichtbaren Bestandteil der Taufe, häufig gesprochen mit den Worten des sog. Apostolischen Glaubensbekenntnisses.

> Um dem Herrschaftswechsel, der sich mit der Taufe vollzieht, Rechnung zu tragen, gehört zum Bekenntnis des Glaubens schon seit den ersten Gemeinden die Absage an den Teufel. Ein Ja zu Gott heißt immer auch ein Nein zu allem Widergöttlichen.

> Schließlich hat hier auch der Segenszuspruch seinen Platz. Taufe ist nicht gleich Segen, und doch gehört ein Segenswort im Namen des dreieinigen Gottes unverzichtbar zur Taufe auf den Namen des dreieinigen Gottes dazu.

7. Wer handelt in der Taufe?

Hinter dieser Frage verbergen sich mehrere Fragen und Problemanzeigen. Eine könnte zum Beispiel lauten: Gilt denn eine Taufe überhaupt, wenn derjenige, der die Taufe vollzieht, gar nicht bewusst an Jesus glaubt und ein entsprechendes Leben führt? Mit diesem Thema musste sich schon der Kirchenvater Augustinus um 400 n. Chr. beschäftigen, nachdem es in Nordafrika zu einer Kirchenspaltung gekommen war. Die sogenannten Donatisten vertraten dort unter anderem jene Lehre, dass die Gültigkeit der Sakramente an die Heiligkeit des Spendenden gebunden ist. Zu Recht widerlegt Augustinus diese Position. Zum einen ist ein Mensch auch als Christ nicht sündlos, und zum anderen vermag niemand das Gewissen des anderen in seiner ganzen Tiefe zu erforschen. Die Gültigkeit der Sakramente gründet allein in Christus und in seiner Heiligkeit. So ist der Taufende zwar am Vollzug der Taufe beteiligt, doch ohne dass seine Person und sein Zutun einen Einfluss auf die Wirksamkeit des Sakraments hätte.

In der Taufe handelt letztlich nur der Herr der Taufe selbst, Jesus Christus.

Es bleibt die Frage nach der Beteiligung des Täuflings bei seiner Taufe. Sicher, der Täufling ist beteiligt. An ihm wird die Taufe vollzogen. Doch schon das Passiv dieser Formulierung lässt erkennen, wie viel der Täufling zu seiner Taufe beitragen kann, nämlich nichts, als dass er es geschehen lässt und das Geschehene im Glauben annimmt. Damit sind wir natürlich bei der spannenden Frage nach dem Verhältnis von Taufe und Glaube bzw. nach deren Reihenfolge. Darum soll es ausführlich in den Fragen 15–23 gehen. An dieser Stelle genügt es festzuhalten: In der Taufe handelt letztlich nur der Herr der Taufe selbst, Jesus Christus. Der Täufling lässt die Taufe geschehen. Er wird getauft und nimmt sie im Glauben an. Der Spendende lässt sich als Gottes Werkzeug gebrauchen und die Gemeinde begleitet die Taufe mit ihrem Gebet.

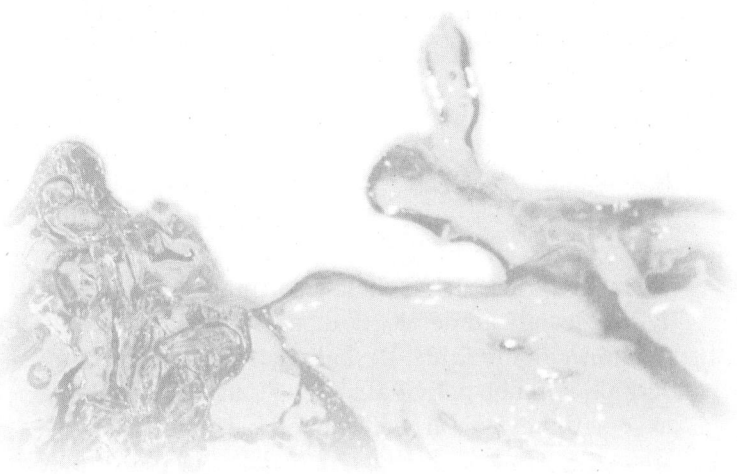

8. Trost, Freude, Heilsgewissheit – wie finde ich das in der Taufe?

Die Taufe ist schon etwas Geheimnisvolles. Etwas Großartiges. Sie ist vielleicht der größte Schatz, den wir Christen haben. Nicht weil die Taufe alles wäre und alles andere nichts, als käme es weder auf meinen Glauben noch auf Christus an. Nein, der Ritus an sich macht gar nichts. Aber die Taufe ist ja nicht nur ein Ritual, sondern vielmehr ein Geschenk Gottes, ein großartiges Geschenk. Alles steckt drin, wirklich alles. Zugespitzt formuliert: das ewige Leben, mein persönliches Heil, selbst die Garantie, in den Himmel zu kommen und für immer erlöst zu sein. All das steckt in der Taufe, weil Christus darin steckt. Getauft auf den Namen des dreieinigen Gottes – das ist das Siegel buchstäblich höchster, nämlich himmlischer Qualität.

In der Taufe wird mir auf den Leib geschrieben, was Jesus für mich und die ganze Welt am Kreuz getan hat: Er ist für mich gestorben, er ist nach drei Tagen auferstanden, er hat den Tod besiegt. Ich darf mit ihm leben. Sein Sieg gilt mir. Das größte Wunder der Weltgeschichte betrifft mich ganz persönlich. In der Taufe wird Gott ganz persönlich. Er handelt nicht nur global als Retter der Welt. Er wendet sich mir zu. Er will es direkt jedem Menschen zusprechen, jeden eintauchen in sein Heil, es jedem auf den Kopf zusagen, ins Herz schreiben. Deshalb die Taufe. Deshalb hat Jesus sie geboten. Deshalb der Taufbefehl als letzter Auftrag von Jesus an seine Jünger. Jeder und jede soll es leibhaftig erfah-

In der Taufe wird mir auf den Leib geschrieben, was Jesus für mich und die ganze Welt am Kreuz getan hat.

ren: »Der Sohn Gottes ist für dich gestorben und auferstanden. Du darfst leben.« Bevor es um mich und
meinen Glauben geht, bevor ich überhaupt gefragt bin
und reagieren kann, sagt mir die Taufe, was mir von
Gott her gilt. Und von ihm her gilt: Er ist mir gnädig,
er nimmt mich an, weil Jesus alles für mich getan
hat.

Ob ich dieses Geschenk annehme – das freilich entscheidet sich an meinem Glauben. In der Taufe steckt
alles drin, ja eigentlich sogar die Garantie, in den Himmel zu kommen. Nur – und das wollen wir genauso
deutlich sagen – ohne Glauben ist die Taufe nichts wert.
Wer dem Versprechen von Jesus nicht glaubt, besteht
nicht im Gericht Gottes. Das ist der ernste Horizont, in
dem jede Taufe geschieht. Jesus sagt unmissverständlich:

> »Wer da glaubt und getauft ist, der wird selig
> (wörtlich: gerettet) werden; wer aber nicht glaubt,
> der wird verdammt werden.«
>
> (Markus 16,16)

Es ist die größte Tragödie, die ein Mensch erleben
kann, wenn er getauft ist und doch ungläubig bleibt.
Er gleicht einem Ertrinkenden, der den Rettungsring
schon in der Hand hat, aber sich daran nicht festhält,
und aus eigener Kraft ans Ufer schwimmen will. Aus
eigener Kraft kommt keiner in den Himmel, nicht ein
Einziger. Es werden nur Gerettete dort sein.

Die Taufe ist ein so großartiges Geschenk, weil sie
mir deutlich macht: Jesus rettet mich. Er schenkt mir
ein neues, herrliches Leben. Ich werde aus tödlichen
Wellen herausgezogen – eben nicht durch meine Kraft,
sondern durch seine. Deshalb ist die Taufe der Schlüs-

sel zur Heilsgewissheit, zu tiefem Trost und echter Lebensfreude. Sie wendet meinen Blick weg von mir und meinen Schwächen hin auf Jesus Christus, meinen Retter.

Martin Luther hat immer wieder mit Zweifeln gerungen. Er hatte buchstäblich den Teufel vor Augen, der ihm immer und immer wieder seine Fehler, seine Schuld, die ganze Sünde seines Lebens vorgehalten hat. Das hat ihn innerlich fast zerrissen. Er zweifelte daran, gerettet zu werden. Er zweifelte daran, dass Gott ihm noch gnädig sei. Er zweifelte an allem, was er je gelesen, geglaubt und gelehrt hatte. Seine Zweifel trieben ihn fast zur Verzweiflung. In solchen Momenten hat er sich immer wieder einen Satz gesagt: »Ich bin getauft.« In diesen drei Worten hat er Trost gefunden. »Ich bin getauft.« Diese drei harmlosen Worte haben Teufel und Zweifel in die Flucht geschlagen: »Ich bin getauft.« Denn das heißt so viel wie: Ich gehöre zu Jesus Christus. Ich bin sein Eigentum. Was er durch seinen Tod und seine Auferstehung erworben hat, das gilt mir. An ihm allein hängt mein Heil. Egal, was ich getan habe. Egal, wie groß meine Schuld auch immer war und ist. Völlig gleichgültig, ob der Teufel recht hat mit seinen Anklagen oder nicht – Gott spricht mich gerecht, weil er in meinem Gesicht zugleich seinen Sohn sieht.

Wer also glaubt, der findet in der Taufe alles: Trost, Freude und Heilsgewissheit. Wir meinen, wir sollten wieder mehr aus der Taufe heraus leben. Denn aus der Taufe leben heißt: aus der Gnade leben. So gewinnt unser Glaube eine neue Tiefe. So gewinnt unser Leben eine neue Ausstrahlung. Nur so gewinnen auch unsere Gemeinden einen neuen Glanz.

9. Wie hängen Taufe und tägliche Buße zusammen?

Nein, getauft sein heißt nicht, ab jetzt sei das Christenleben nur noch »Friede, Freude, Eierkuchen«. Mit Übermut und Hochmut hat der Lebensstil der Getauften nichts zu tun. Im Gegenteil: Wenn ich mir bewusst werde, dass Jesus für mich gelitten hat, dass meine Schuld seine Schläge verursacht hat, wenn ich erlebe, dass ich immer wieder schuldig werde, wenn ich merke, dass ich nicht aufhöre, meinen Herrn jeden Tag neu zu kreuzigen, eben weil ich nicht aufhöre zu sündigen – dann treibt mich das auf die Knie.

Buße kommt nicht gut an.

Buße nennen Christen diese Haltung seit biblischer Zeit. Wahrscheinlich lag diese Haltung nie wirklich im Trend. Denn Buße kommt nicht gut an. In der von Wellness, easy going und Oberflächlichkeit geprägten Zeit der Postmoderne schon gar nicht. Und doch ist Buße der Trend, den die Taufe setzt. Für jeden Tag.

Und doch ist Buße der Trend, den die Taufe setzt. Für jeden Tag.

Jesus lehrt uns deshalb zu beten:

> »... und vergib uns unsere Schuld, wie auch wir vergeben unsern Schuldigern ...«

> (Matthäus 6,12)

Das Vaterunser soll unser tägliches Beten prägen. Auf die Bitte ums »tägliche Brot« folgt die Bitte der »täglichen Buße«: »Vergib uns unsere Schuld.« Wer getauft ist und im Glauben eingesteht, dass er diese Taufe nötig hat, weil er Vergebung nötig hat und auf Gnade angewiesen ist, der lebt diese »tägliche Buße«.

Mit einem Gebet ist es freilich nicht getan. Aber mit Beten fängt es an. Buße – das ist die Haltung, die uns auf die Knie vor Jesus führt und barmherzig mit den Menschen umgehen lässt, denen wir den Tag über begegnen. Buße tun heißt »umkehren in die offenen Arme Gottes«, so schreibt Luther schon im Katechismus. Wer sich aber von Gott umarmen lässt, der kann in dieser Umarmung nicht die Fäuste gegen seine Mitmenschen schwingen.

10. Ist die Taufe ein Bekenntnis?

Diese Aussage begegnet uns oft: Die Taufe ist doch ein Bekenntnis. Der Täufling gibt zu, dass er ein Sünder ist. Er kehrt von seinem falschen Weg um, tut Buße, bekehrt sich, kommt zum Glauben – und lässt sich daraufhin taufen. Die Taufe als ein Bekenntnisakt. Ein äußerliches Zeichen für ein innerliches Geschehen. Eine Art öffentliche Anzeige, eine Bekanntmachung: »Seht her, ich bekenne mich ab jetzt zu Jesus Christus und deshalb lasse ich mich taufen.« Das Eigentliche wäre also das Innerliche, die Taufe nur das Äußerliche, notwendig zwar, aber doch nur ein Bekenntnis, das seine Voraussetzung im Herzen des Täuflings hat.

Nun haben wir schon gesehen, dass die Taufe ihren Grund nicht im Herzen des Menschen hat, schon gar nicht in seinem Handeln, sondern im Handeln Gottes. Gott ist der Aktive. Der Täufling tut gar nichts. Er empfängt nur. Er wird beschenkt. Er ist total passiv. Im Griechischen steht der Begriff des Taufens im Passiv; damit wird auch sprachlich deutlich: Der Täufling tut in der Taufe gar nichts – er gibt also auch nichts bekannt.

Wir würden die Taufe sehr verkürzen, wenn wir sie zum Bekenntnis erklären würden. Das wäre ein Missverständnis. Freilich, wenn ein Heide zum Glauben kommt, sich seiner Schuld bewusst wird und diese eingesteht, wenn er also umkehrt und ein neues Leben mit Jesus beginnt und sich in diesem Zusammenhang taufen

> Im Bekenntnis sagt der Mensch: »Ich gehöre zu Jesus.« In der Taufe sagt Gott: »Dieser Mensch gehört zu mir.«

lässt, dann sind Taufe und Bekenntnis eng miteinander verbunden, aber sie sind trotzdem voneinander zu unterscheiden. Im Bekenntnis sagt der Mensch: »Ich gehöre zu Jesus.« In der Taufe sagt Gott: »Dieser Mensch gehört zu mir.«

Beide Sätze zusammen sind Ausdruck der einzigartigen Gemeinschaft von Gott und Mensch, die Jesus uns schenkt. Wenn ein Satz fehlt, dann fehlt Entscheidendes. Aber um das großartige Geschenk recht erfassen und verstehen zu können, müssen wir beide Sätze sauber unterscheiden. Die Taufe ist also kein Bekenntnis, und doch bekennt sich irgendwann jeder Getaufte zu Christus, wenn er in dieser einzigartigen Gemeinschaft lebt.

Dass die Taufe als Bekenntnis ziemlich ungeeignet wäre, zeigt übrigens schon ein Blick in die Apostelgeschichte. Rein äußerlich hätte es schon damals viel wirkungsvollere Methoden gegeben, um ein Bekenntnis zu Jesus abzugeben, als sich irgendwo in einem Tümpel zwischen Jerusalem und Gaza spontan taufen zu lassen (Apostelgeschichte 8). Wäre die Taufe ein öffentliches Bekenntnis, dann wäre diese Taufe ein Schlag ins Wasser gewesen, denn Öffentlichkeit war abgesehen vom taufenden Philippus und vielleicht dem Chauffeur des äthiopischen Finanzministers schlicht und ergreifend keine da.

Das ist heute genauso: Wäre der eigentlich Sinn der Taufe, öffentlich bekannt zu geben, dass ein Mensch ab jetzt als Christ leben will, dann wäre eine Zeitungsanzeige sinnvoller als die einmalige Taufe in einer Kirche. Das Bekenntnis ist zudem dauernd gefordert, die Taufe ist eine buchstäblich einmalige Angelegenheit. Die Taufe ist zunächst (!) kein Ereignis zwischen mir und meinen Mitmenschen, sondern zwischen Gott und mir. Aber gleichwohl verändert meine Taufe auch das Verhältnis zu meiner Umwelt – und hier hat auch das Bekenntnis seinen Platz. Später mehr dazu. Zunächst aber noch eine ganz ähnliche Frage.

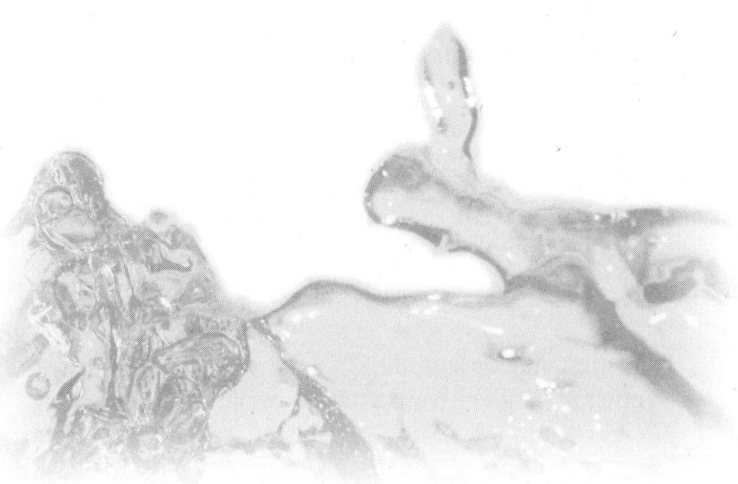

11. Ist die Taufe ein Symbol?

Diese Frage ist mit der eben gestellten verwandt. Wer sie bejaht, unterstellt, die Taufe sei nur ein äußeres Zeichen für ein inneres Geschehen, und das Innere sei das Eigentliche. Diese Sicht ist ziemlich verbreitet, besonders in einer Zeit, in der so viel von religiösen Symbolen und Ritualen die Rede ist. Die Taufe als ein großes christliches Symbol, das für den Eintritt ins Leben steht, ein Initiationsritus, ein Aufnahmeritual, eine kultische Tradition, eine sinnliche religiöse Erfahrung. Das alles wäre aber viel zu wenig.

Die Taufe ist mehr als ein Symbol. Die Taufe ist ein Geschehen mit Verheißung. Buchstäblich: Gott legt seine Verheißung auf die Taufe. Sie geschieht in seinem Namen. Er wirkt. Äußeres Ereignis und inneres Geschehen hängen unmittelbar zusammen. Die Taufe ist eine besondere Art und Weise, wie Gott uns seine Gnade schenkt. Da geschieht etwas. Hier ist Handlung, Aktion, viel mehr als nur ein Symbol. Ein Zeichen wäre viel zu wenig.

Petrus wusste das und rief deshalb in seiner Pfingstpredigt:

> »Tut Buße, und jeder von euch lasse sich taufen auf den Namen Jesu Christi zur Vergebung eurer Sünden, so werdet ihr empfangen die Gabe des Heiligen Geistes.«
>
> (Apostelgeschichte 2,38)

Bestimmt hat Petrus damit nicht nur ein religiöses Symbol propagiert. Nein, er wusste: Die Taufe geschieht zur Vergebung der Sünden. Die Taufe ist – neben der

Predigt und dem Abendmahl – Gottes Mittel, seine besondere Art und Weise, uns seine Vergebung zu schenken. So schenkt er uns seine Vergebung. So hat er es gewollt und eingerichtet. So und nicht anders.

Martin Luther hält im Kleinen Katechismus fest: Die Taufe »wirkt Vergebung der Sünden, erlöst von Tod und Teufel und gibt die ewige Seligkeit allen, die es glauben, wie die Worte und die Verheißung Gottes lauten.« – Das ist so zu verstehen, als wenn ein Patient im Krankenhaus sagen kann: »Die Operation hat mir das Leben gerettet.« Genauso richtig ist es zu sagen: »Der operierende Arzt hat mir das Leben gerettet.« Die Taufe ist Gottes Operation an uns, sie bringt Vergebung und Rettung, weil in ihr Jesus selber am Werk ist.

> *Die Taufe ist Ereignis, Geschehen, Gottes Aktion, seine Rettungsoperation für todkranke Sünder.*

Ist die Taufe also ein Symbol? Nein, sie ist viel mehr. Die Taufe ist Ereignis, Geschehen, Gottes Aktion, seine Rettungsoperation für todkranke Sünder.

Natürlich macht es die Hand des Pfarrers nicht, sicher auch nicht die paar Milliliter Wasser. Aber zur Taufe gehört eben nicht nur das Wasser, sondern das Wort kommt dazu. Der dreieinige Gott wird angerufen, und das ist der lebendige Gott. Und ein biblisches Wort wird zugesprochen. Von diesem Wort her ist die Taufe zu verstehen. Es ist das Wort, das Wunder wirkt. Es wirkt, was es sagt. Dieses Wort macht aus einer unscheinbaren menschlichen Handlung ein göttliches Werk. Gott spricht sein Ja zum Täufling. Das zählt und das gilt. Letztlich müssen wir sagen: Nicht der Pfarrer oder die Pfarrerin, sondern Gott selbst hat mich getauft.

Der Getaufte ist jetzt herausgefordert, sein ganzes Leben lang sein Ja zu Gottes Ja zu sprechen. Die Taufe ist auf Glauben aus, auf Nachfolge. Wo das geschieht, ist ein Mensch in ein neues Leben eingetreten, er ist neu geboren. Das ist wie jede Geburt ein Wunder. Genau deshalb wird die Taufe in Titus 3 auch das »Bad der Wiedergeburt« genannt. Wenn Gott einen Menschen in der Taufe so berührt, dass er selbst zum Glauben erwacht, dann ist neues Leben da.

12. Bin ich als Getaufter automatisch Mitglied der Kirche?

Ja. Eine eindeutige Antwort auf eine eindeutige Frage. Wer getauft ist, gehört zu Christus. Und wer zu Christus gehört, gehört automatisch auch zu seiner Gemeinde. Durch die Taufe werden wir »eingegliedert in den Leib Christi«.

Eine wichtige Bibelstelle ist hier 1. Korinther 12,13: »Denn wir sind durch einen Geist alle zu einem Leib getauft.« Diese Mitgliedschaft, die die Taufe schenkt, wird durch den Glauben aktiviert und gelebt. Paulus macht mit diesen Worten ganz deutlich: Ich kann mich nicht taufen lassen und zugleich sagen: »Mit der Kirche habe ich nichts zu tun.« Auch Kinder kann man nicht taufen lassen, um sie danach nicht mehr in der Gemeinde zu sehen. Im Gegenteil: Als Getaufter habe ich unmittelbar mit der Kirche zu tun. Ich gehöre zu ihr, ich bin mit den anderen Getauften verbunden, über uns steht dieselbe Verheißung.

Die Taufe führt uns nicht auf eine einsame Insel, sondern mitten hinein in die Gemeinde.

Auf sie vertrauen wir, auf sie verlassen wir uns im Leben und im Sterben. Gemeinsam sind wir von Jesus in die Nachfolge gerufen, und damit auch gerufen, uns zusammenzuraufen. Die Taufe führt uns nicht auf eine einsame Insel, sondern mitten hinein in die Gemeinde. Sie isoliert nicht, sondern schenkt Gemeinschaft und verpflichtet zur Gemeinschaft.

Dieses Geschenk ist auch eine Zumutung. Es gibt Christen, mit denen wir aus unterschiedlichsten Gründen nicht gut auskommen. Zum Teil vertreten sie

Ansichten und Positionen, die unseren eigenen massiv widersprechen und aus unserer Sicht vielleicht der Bibel in vielen Punkten widersprechen. Das alles ist schmerzlich. Tatsächlich gehen durch die weltweite Gemeinde Jesu Christi viele Risse – und dennoch: Als getaufter Christ kann ich nicht sagen, dass ich »mit denen« nichts zu tun haben will. Wir gehören durch den einen Herrn und die eine Taufe zusammen.

Das hat Folgen. Wer etwa eine Gemeinschaft besucht oder zu einer Gemeinschaftsgemeinde gehört oder in einem CVJM zu Hause ist, kann sich oder seine Kinder niemals nur in diese örtliche Gemeinschaft hineintaufen lassen. Die Gemeinde vor Ort gehört zu einer

Der Heilige Geist ist kein Kleingeist, dessen Wirkungskreis an unserem jeweiligen kirchlichen Tellerrand enden würde.

größeren Gemeinschaft, bei uns in Württemberg etwa die Gemeinschaft der Evangelischen Landeskirche. Taufe und Isolation passen nicht zusammen, Taufe und Begrenzung auf die Mitgliedschaft in einer kleinen örtlichen Gemeinschaft oder Gemeinde auch nicht. Denn durch die Taufe sind wir Teil eines größeren Ganzen, nämlich des Leibes Christi. Das findet auch institutionell seinen Ausdruck, etwa durch die Kirchenmitgliedschaft. Natürlich, es wäre vermessen zu sagen, durch die Taufe muss man Mitglied der Volkskirche in ihrer heutigen Form sein. Die Strukturen der Gemeinde Jesu Christi ändern sich durch die Jahrhunderte hindurch immer wieder. Und wer in einer Freikirche lebt, findet sich in deren Strukturen vor. Andere Länder haben nochmals ganz andere Kirchenstrukturen und -formen. Wichtig ist nur: Die Taufe verbindet mit der größeren Gemeinschaft, auch über Strukturgrenzen hinweg. Der Heilige Geist ist kein Kleingeist, dessen Wirkungskreis an unserem jeweiligen kirchlichen Tellerrand enden würde. Nein, als Getaufte leben wir in einem weiten Horizont. Es ist der Horizont, den Jesus mit seiner Verheißung eröffnet.

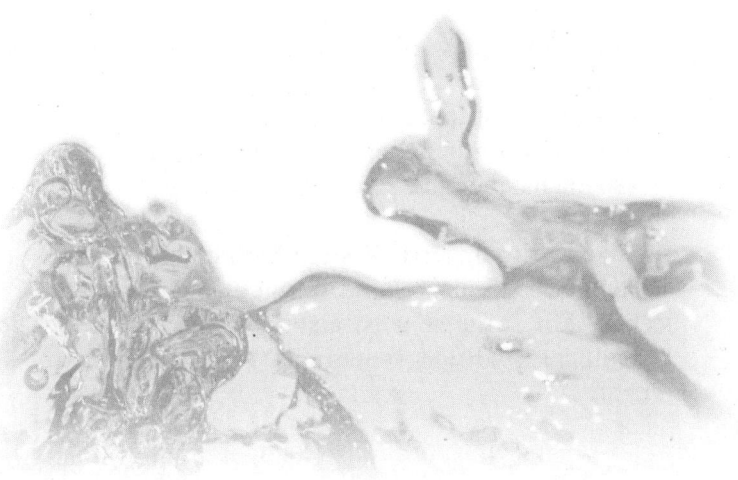

13. Inwiefern ist die Taufe ein Sakrament?

Um diese Frage beantworten zu können, müssen wir uns erst einmal klarmachen, was eigentlich ein Sakrament ist. Da gibt es natürlich verschiedene Antworten: Katholiken sehen das anders als Protestanten, Lutheraner unterscheiden sich von Reformierten, und die Mitglieder verschiedener Freikirchen vertreten nochmals andere Positionen. Wir stellen hier keine hohe Sakramentslehre auf, sondern beziehen eine schlichte evangelische Position, die in der Bibel begründet ist.

Ein Sakrament hat zwei Kennzeichen:

1) Es ist eine von Jesus Christus selbst eingesetzte Handlung, die mit einem sinnlich greifbaren Element verbunden ist. Er hat sie gestiftet und seinen Jüngern befohlen, genau dies weiterhin zu tun.

2) Es ist mit einer göttlichen Verheißung verbunden. Jesus gibt sein Versprechen: Wer gehorsam seinem Gebot folgt, wird das Leben haben. Wer diesem Wort glaubt, empfängt das Sakrament als ein buchstäblich heilvolles Geschenk.

Damit halten wir fest: Was ein Sakrament ist, muss sich biblisch belegen lassen. Jesus muss selbst dahinter stehen. Ein Sakrament ist also keine Erfindung der kirchlichen Tradition, sondern es ist von Jesus gestiftet.

Die Frage ist nun: Wirkt ein Sakrament automatisch, einfach von selbst? Hat es womöglich eine Art magischen Charakter? – Nein, eine solche Sicht wäre völlig unbiblisch. Das Sakrament wirkt nicht magisch. Es wirkt vielmehr genauso wie das Wort Gottes selbst, das wir etwa in einer Predigt zugesprochen

> *Weil Gott durch sein Wort Glauben wirkt und schafft, dürfen wir damit rechnen, dass die Sakramente nicht wirkungslos bleiben.*

bekommen: Predigt wie Sakrament sind auf Glauben aus. Nur im Glauben werden sie wirksam angenommen. Zugespitzt gesagt: Ohne Glauben wären beide für die Katz. Aber weil Gott durch sein Wort Glauben wirkt und schafft, dürfen wir damit rechnen, dass die Sakramente nicht wirkungslos bleiben. Was die Sakramente vom bloßen Wort unterscheidet, ist dabei nicht die Wirkung, sondern die Wirkweise: Es trifft uns Menschen in unserer Leiblichkeit. Wir hören die Verheißung nicht nur, wir sehen, fühlen, tasten, schmecken dieses »leibliche Wort« (Augsburger Bekenntnis, Artikel 5) – und zwar ganz persönlich. Jeder erfährt es für sich. Das Evangelium gilt nicht nur uns allen allgemein – im Sakrament wird deutlich: Es gilt mir.

Ein alter Merksatz stammt vom Kirchenvater Augustinus. Er sagte: »Das Wort tritt zum Element und macht das Sakrament.« Der entscheidende Inhalt von Wort und Sakrament ist Jesus Christus selbst. Er schenkt sich uns. Er kommt zu uns. Er spricht uns an und nimmt uns an. Unser Heil liegt nicht in uns, sondern es kommt von außen auf uns zu. Entscheidend ist daher der Glaube: dass die Predigt im Glauben gehört und die Sakramente im Glauben angenommen werden.

Damit ist deutlich, dass aus evangelischer Sicht die Firmung, die Ehe, die Priesterweihe und die letzte Ölung keine Sakramente sind, eben weil sie keine von Christus gestifteten Zeichen und Gaben sind. Die Buße ist zwar von Jesus eingesetzt (vgl. etwa Markus 1,15), allerdings fehlt ihr das sichtbare Zeichen. Deshalb gibt es im strengen Sinn nur zwei Sakramente: Taufe und Abendmahl.

Beide hat Jesus befohlen, beide sind mit sinnlich fassbaren Elementen verbunden: Wasser, Brot und Wein. Auf beiden liegt eine große Verheißung (vgl. zur Taufe: Matthäus 28,18-20; Markus 16,16; zum Abendmahl: Matthäus 26,26-28; Markus 14,22-24; Lukas 22,19-20; 1. Korinther 11,23-26). Damit ist die Antwort auf unsere Frage klar: Die Taufe ist neben dem Abendmahl ein Sakrament, denn sie ist eine besondere Gabe, ein Gottesgeschenk.

14. Was hat die Taufe mit dem Abendmahl zu tun?

Mit der Antwort auf die vorige Frage können wir zunächst sagen: Beide sind Sakramente. Beide sind von Jesus gewollt und gestiftet. Die Taufe ist dabei eine einmalige Sache, das Abendmahl eine ständig zu wiederholende Praxis.

Die Taufe markiert den Anfang des neuen Lebens und den Einstieg in die Gemeinschaft der Christen. Im Abendmahl wird diese Gemeinschaft immer wieder sichtbar gelebt. Es ist das Mahl der Getauften, genauer: das Mahl derjenigen, die ihre Taufe im Glauben annehmen und nun im Abendmahl neu vergewissert werden.

Im Abendmahl hören, sehen und schmecken wir, was Gott uns schon in der Taufe geschenkt hat: »Christi Leib für dich gegeben, Christi Blut für dich vergossen.« Das Abendmahl macht meinen Glauben gewiss, richtet mich neu auf Jesus, meinen Herrn, aus, und so freue ich mich neu an meiner Taufe.

Als Christ zieht es mich förmlich immer wieder zum Abendmahl hin. Jesus lädt ein, schenkt mir voll ein und schenkt mir sich selbst. Als einer, der zu Jesus gehört, sehne ich mich nach dieser Gemeinschaft. Die Taufe drängt mich zur Tafel: Ich will Jesus immer wieder neu begegnen.

Viele Christen halten nicht viel von ihrer Taufe und auch wenig vom Abendmahl: »Hauptsache, ich glaube. Darauf kommt's an. Ob ich nun getauft bin oder zum Abendmahl gehe – das ist doch egal.« – Da möchten wir dagegenhalten: Denken wir daran, dass Jesus Taufe und Abendmahl gewollt hat. Ja, er hat beides sogar geboten. Ob wir Taufe und Abendmahl hoch oder gering schätzen, ist keine Frage des Geschmacks, sondern des Gehorsams. Es ist wichtig, dass wir Taufe und Abendmahl nicht als bloße Form sehen, als starres kirchliches Ritual. Denn sonst verkennen wir völlig den großen Schatz, den uns Jesus damit schenkt. Genauso entscheidend ist, dass beide so praktiziert werden, wie es Jesus geboten hat.

> *Ob wir Taufe und Abendmahl hoch oder gering schätzen, ist keine Frage des Geschmacks, sondern des Gehorsams.*

Wenn etwa eine Pfarrerin oder ein Pfarrer beim Abendmahl die Einsetzungsworte weglässt oder uminterpretiert, oder wenn die Vergebung der Sünden verschwiegen wird und das Mahl zur bloßen Feier verkommt, wenn bei der Taufe nicht auf den Namen des dreieinigen Gottes, sondern etwa auf die »Quelle des Lebens« hin getauft wird, dann hat das nichts mit dem zu tun, was Jesus gewollt und eingesetzt hat. Solch eine unbiblische Praxis muss kritisch angesprochen werden. Wenn aber Taufe und Abendmahl so gefeiert werden, wie es im Neuen Testament beschrieben ist, dann sind wir herzlich eingeladen, uns an diesen Gottesdiensten zu beteiligen.

15. Müssen Glaube und Bekenntnis nicht der Taufe vorausgehen?

Diese Frage muss man eigentlich noch grundsätzlicher stellen: Bezeugt die Taufe Gottes frohe Botschaft oder unseren Glauben? Gehört die Taufe auf die Seite Gottes, der darin dem Menschen sein Evangelium zuspricht und zueignet, oder auf die Seite des Menschen, der mit der Taufe seinen Glauben an dieses Evangelium bekennt und besiegelt?

Hören wir auf den äthiopischen Finanzminister aus Apostelgeschichte 8, gewinnt man zu Recht den Eindruck, er sei durch die Verkündigung des Philippus zum Glauben gekommen und bekennt und besiegelt diesen Glauben nun mit dem Wunsch, getauft zu werden. Mit anderen Worten: Der äthiopische Finanzminister ist sicherlich vor seiner Taufe zum Glauben an Jesus Christus gekommen. Weitere Beispiele aus der Apostelgeschichte ließen sich ergänzen. Nur stellt sich die Frage: Wie hätte es denn anders gehen sollen? Hätte Philippus den Kämmerer ohne die vorausgegangene Verkündigung des Evangeliums getauft und dann seine Straße alleine ziehen lassen, wäre zur Taufe nie der Glaube gekommen. Entscheidend war die Bereitschaft des Philippus, seinen Glauben zu bezeugen und den Kämmerer auf einen Weg des Glaubens mitzunehmen.

Natürlich muss der Glaube also einer Taufe vorausgehen. Die Frage ist nur, ob es der Glaube des Täuflings sein muss. Für den Kämmerer aus Äthiopien war es zunächst entscheidend, dass Philippus an Jesus Christus geglaubt und ihn als Retter bezeugt hat. Darauf kommt es an, dass Menschen das Evangelium von

Jesus Christus verkündigen, zum Glauben einladen und dazu bereit sind, jemanden auf seinem Weg des Glaubens zu begleiten. Ob die Taufe solch einer Wegbegleitung vorausgeht oder erst nach einem gewissen Wegstück erfolgt, ist unwesentlich.

Entscheidend ist, dass ein Mensch zum Glauben an Jesus Christus geführt wird.

Der Taufe muss nicht unbedingt der persönliche verstandesmäßige Glaube des Einzelnen vorausgehen. Gott baut seine Gemeinde auch umgekehrt, indem auf die Taufe der Glaube folgt. Diese Reihenfolge macht nur dann keinen Sinn, wenn diejenigen, die für die Getauften in irgendeiner Weise Verantwortung tragen, nicht bekehrt sind und deshalb unfähig, den Getauften auf dem Weg des Glaubens zu begleiten. Hier wird es natürlich schwammig, unplanbar und immer wieder auch verantwortungslos. Auffallend ist jedoch, dass die biblischen Texte mit ihrem Missionskontext zwar immer wieder von der Reihenfolge „Glaube und dann Taufe" erzählen, diese aber nicht lehren. Im Gegenteil. Zugespitzt muss man sagen: Die Taufe ist gerade kein Glaubensbekenntnis des Täuflings, sondern Zuspruch und Zueignung des Evangeliums durch Gott.

Die Taufe ist gerade kein Glaubensbekenntnis des Täuflings, sondern Zuspruch und Zueignung des Evangeliums durch Gott.

Und dieses geht dem Glauben immer voraus. Glauben gibt es nur im Hören und Empfangen des Evangeliums. Man könnte sagen: Die Taufe ist Gottes Evangelium in konzentrierter Form, so rein und heilig, wie es keine Predigt sein kann, die immer auch von menschlichen Elementen durchzogen ist. In der Taufe und im Abendmahl empfangen wir „leibliches Wort" (Augsburger Bekenntnis, Artikel 5). Dieses Wort brauchen wir, in

Predigt und Sakrament. Ohne dieses Wort des Evangeliums gibt es keine Antwort des Glaubens. So sind die Sakramente (und darin sind sie der Predigt vergleichbar) immer zuvorkommendes Wort Gottes, das der Mensch nur im Glauben bejahen oder ablehnen kann.

Nehmen wir ernst, was wir oben in den Eingangsfragen als Bedeutung der Taufe erarbeitet haben, dass sich der dreieinige Gott in der Taufe mit seinem Namen an uns und unseren Namen bindet und wir mit Jesus Christus und seinem Tod am Kreuz untrennbar verschweißt werden, können wir die Taufe nicht als menschliches Bekenntnis lehren, sondern nur als göttliche Gabe empfangen und feiern. Dieser muss dann jedoch das Bekenntnis des Glaubens folgen. Ohne den Glauben wird das Geschenk der Taufe verschenkt und bleibt die Taufe für den Getauften ohne Wert.

> *Ohne den Glauben wird das Geschenk der Taufe verschenkt und bleibt die Taufe für den Getauften ohne Wert.*

> „Wer da glaubt und getauft wird, der wird selig werden; wer aber nicht glaubt, der wird verdammt werden."

> (Markus 16,16)

16. Können Säuglinge glauben?

Fast noch spannender ist die Gegenfrage: Können Kinder bzw. Säuglinge tatsächlich keinen Glauben und kein Gottvertrauen haben? Vielleicht ist es ja sogar bei Säuglingen so, dass nicht nur ihre Eltern oder Paten stellvertretend ihre Taufe erbitten und für sie glauben, sondern doch sie selbst schon im Vertrauen leben. Das klingt zunächst etwas abstrus. Aufschlussreich könnte es sein, wenn wir vom ganz jungen Menschen einmal zum alten oder kranken Menschen sehen: Was geschieht etwa mit einem zum Glauben gekommenen Menschen, der einen Unfall oder Schlaganfall erleidet und dann im Koma liegt? Ist dieser damit vom Glauben abgefallen, nur weil er mit dem Verstand nicht mehr glauben kann? Schlimmer noch: Hat er mit seinem Verstand nicht nur den Glauben, sondern auch das ewige Leben verloren?

An diesem Beispiel wird deutlich, wie sehr es sich auch beim Glauben und unserem Vertrauen um ein Geschenk Gottes handelt, das nicht nach Alter, Gesundheit oder anderen menschlichen Voraussetzungen fragt. Gott selbst weckt durch seinen Heiligen Geist Glauben und Vertrauen in uns. Mein Ja zu Gott ist immer ein von Gott geschenktes Ja.

Der Heilige Geist lässt mich glauben. Das ist der Garant dafür, dass wir nicht vom Glauben abfallen, wenn Anfechtungen uns die Kraft zum Glauben rauben, wenn Zweifel nagen oder wir aufgrund einer Behinderung, einer Krankheit oder eines Unfalls mit dem Verstand nicht oder nicht mehr glauben können. So sehr der Glaube meine Antwort auf Gottes Wort und Angebot des Lebens ist, so sehr kann ich ihn nicht machen, sondern muss und darf ihn mir schenken lassen.

Zurück zur Frage, ob auch Säuglinge glauben können. Eine Antwort wird natürlich zurückhaltend ausfallen müssen. Sicherlich glauben sie nicht wie Erwachsene. Auch von einer allgemeinen Erfüllung mit dem Heiligen Geist kann keine Rede sein. Doch darf ich einen Glauben ausschließen, wenn Gott der Schenkende ist? Biblisch untermauert wird diese Überlegung zum Beispiel durch verschiedene Psalmverse.

So sehr der Glaube meine Antwort auf Gottes Wort und Angebot des Lebens ist, so sehr kann ich ihn nicht machen, sondern muss und darf ihn mir schenken lassen.

So betet Psalm 22,10b Gott mit den Worten an:

> »Ja, du bist es, der mich aus dem Mutterleib gezogen hat, *der mir Vertrauen einflößte an meiner Mutter Brüsten.* Auf dich bin ich geworfen von Mutterschoß her, von meiner Mutter Leib an bist du mein Gott.«
>
> (Psalm 22,10 f. Elberfelder Übersetzung; vgl. Psalm 71,5 f.)

Der Psalmbeter weiß sich von seiner Geburt an in Gottes Hand. An der Brust seiner Mutter hat er nicht nur Nahrung empfangen. Gott hat ihm schon als Säugling an der Brust seiner Mutter eingeflößt, was im Leben und im Sterben trägt – nicht nur eine Beziehung zu seiner Mutter, sondern auch eine Beziehung zu seinem Gott, mit einem Wort: Gottvertrauen.

Ganz ähnlich argumentiert Jesus, wenn er seinen Jüngern und Zuhörern gegenüber Kinder als Glaubensvorbilder preist:

»Lasst die Kinder zu mir kommen und wehret ihnen nicht; denn solchen gehört das Reich Gottes. Wahrlich, ich sage euch: Wer das Reich Gottes nicht empfängt wie ein Kind, der wird nicht hineinkommen.«

(Markus 10,14 f.)

Diese Szene hat zunächst nichts mit der Taufe zu tun und auch nichts mit der Frage, ob die Kindersegnung gegenüber der Kindertaufe angemessener ist. An dieser Begebenheit verdeutlicht Jesus vielmehr, welche Voraussetzungen ein Mensch mitbringen muss oder darf, um an Gottes Ewigkeit teilzuhaben. Seine Antwort lautet: keine, oder eben nicht mehr als ein Kind, das völlig abhängig ist und in seiner Abhängigkeit zugleich schon voller Vertrauen.

17. Wie hängen Glaube und Taufe zusammen?

Mit dieser Frage sollen noch einmal die beiden vorausgegangenen Fragen zusammengefasst werden. Zugleich dringen wir dabei in die Mitte biblischer Heilsgeschichte vor. Ihr Grundprinzip »Gottes Wort und Handeln geht menschlichem Antworten und Handeln immer voraus« erkennen wir wieder im Verhältnis von Taufe und Glaube.

Nun aber zur gestellten Frage: Wie hängen Glaube und Taufe zusammen? Um das Ergebnis vorwegzunehmen: Entscheidend ist nicht die zeitliche Reihenfolge von Taufe und Glaube, sondern der sachliche Zusammenhang. Neben Texten wie Apostelgeschichte 8,26-40, in denen der Glaube einer Taufe zeitlich vorausgeht, verstehen andere neutestamentliche Texte die Taufe als Anfang eines neuen Lebens im Glauben. Dazu gehören vor allem Römer 6,3-23 und 1. Korinther 6,11. Über eine zeitliche Abfolge von Taufe und Glaube macht Paulus hier keine Aussage. Sachlich ist die Taufe für Paulus jedoch Grundlage, Voraussetzung und Kraftquelle für ein Leben im Glauben. Auf diesen Glauben ist die Taufe immer ausgerichtet. Eine Taufe sollte im Leben des Getauften erkennbar werden. Vertrauen und Gehorsam sind die Antwort des Menschen auf Gottes Wort und Angebot in der Taufe. Ohne diese Antwort bleibt die Taufe für den Getauften wertlos. Dies ist nachvollziehbar, wenn man die in Taufe und Glau-

> *Entscheidend ist nicht die zeitliche Reihenfolge von Taufe und Glaube, sondern der sachliche Zusammenhang.*

be festgemachte Beziehung zu Gott als Liebesbeziehung versteht.

Schon im Garten Eden macht Gott dem Menschen eine Liebeserklärung ohnegleichen, indem er ihn einlädt, mit allen Bäumen des Gartens auch vom Baum des Lebens zu essen und damit ewig zu leben und ewig mit Gott zusammen zu sein (vgl. 1. Mose 2,16). Doch was macht der Mensch? Anstatt vom Baum des Lebens isst er vom verbotenen Baum der Erkenntnis des Guten und des Bösen. Damit wird die Sünde ein Teil des Menschen. Würde der Mensch jetzt vom Baum des Lebens essen, würde nicht nur er, sondern mit ihm auch die Sünde ewig. Um dies zu verhindern, verweist Gott sein trotz allem geliebtes Geschöpf aus dem Garten Eden. Man könnte jetzt fragen: Weshalb hat Gott den Menschen nicht sofort als ewig erschaffen, wenn er doch ewig mit ihm zusammen sein wollte? Weshalb hat Gott den Menschen vor die Alternative gestellt? Weshalb hat er ihm den Baum des Lebens nur als Angebot unterbreitet? Damit sind wir wieder bei der Liebe. Liebe drängt sich nicht auf. Liebe wirbt und Liebe fragt. Doch Liebe kann man nicht erzwingen. Gott wünscht sich nichts mehr als die dauerhafte ewige Beziehung zu uns Menschen. Diese Liebeserklärung unterstreicht er, indem er den Menschen nicht von vornherein ewig erschafft, sondern ihm seine Ewigkeit und seine ewige Gemeinschaft im Baum des Lebens als Angebot unterbreitet. Der Mensch schlägt dieses Angebot aus und muss mit Sünde beladen das Paradies verlassen. Gottes Liebe und seine Sehnsucht nach uns Menschen werden trotzdem nicht kleiner. Gott wünscht sich noch immer, ewig mit uns Menschen zusammenzuleben.

Um dieser Sehnsucht willen wird Gott erneut aktiv. Der Baum des Lebens ist nun tabu. In Jesus Christus als dem Brot des Lebens gibt uns Gott eine zweite Chance. Gott gibt anstelle des Lebensbaumes das Brot des Lebens, Jesus Christus. Wie damals im Paradies lädt Gott jetzt wieder ein: Nimm und iss – jetzt nicht mehr vom Baum, sondern vom Brot des Lebens. Diese Einladung steht am Anfang, damals im Paradies und heute in der Taufe. Wieder ist unsere Anwort gefragt – ein zweites und letztes Mal. Unser Ja auf Gottes Ja ist der Glaube. Im Glauben an Jesus Christus nehmen wir an, was er uns in der Taufe zuspricht und zueignet, dass er für mich am Kreuz gestorben ist, dass Gott mir meine Schuld und Sünde vergibt und dass ich aus seiner Gnade ewig bei Gott sein darf. Taufe und Glaube gehören unabdingbar zusammen, in jedem Fall sachlich, wenn auch nicht unbedingt in einer zeitlichen Reihenfolge, obwohl aus heilsgeschichtlichen Gründen eigentlich die Taufe am Anfang stehen müsste. Durch die Taufe am Anfang eines Menschenlebens bezeugen wir, dass Anfang und Grund unseres Lebens und Glaubens allein bei Gott liegen. Und wenn der Mensch am Anfang seines Lebens dazu noch ein »unmündiger« Säugling ist, dann unterstreicht dies die Bedeutung der Taufe umso mehr. Wie ein Säugling vollkommen abhängig und zugleich vertrauensvoll auf seine Eltern angewiesen ist, so sehr lebt der Mensch allein aus Gottes Gnade und Gottvertrauen. Nichts bringt dies besser zum Ausdruck als eine Säuglingstaufe.

18. Kann ich Christ sein, ohne getauft zu sein?

Nach allem, was wir zur Bedeutung der Taufe festgehalten haben, liegt die Antwort auf der Hand: Nein, zumindest auf Dauer kann ich mich ohne die Taufe nicht als Christ bezeichnen.

Wenn sich der dreieinige Gott in der Taufe mit seinem Namen an mich bindet, wenn ich in der Taufe mit Jesus Christus und seinem stellvertretenden Sühnetod verbunden werde und ich durch die Taufe zu einem Glied am Leib Christi werde, dann ist die Taufe im wahrsten Sinn des Wortes grundlegend und wesentlich für unser Christsein. Natürlich will dieses Heilsangebot geglaubt werden. Jesus selbst gibt in Markus 16,16 dem Glauben auch gegenüber der Taufe ein größeres Gewicht. So nennt er die Taufe neben dem Glauben nur im Blick auf unser Heil, während unser Glaube bzw. Unglaube zum alleinigen Entscheidungskriterium über die ewige Verdammnis wird.

> »Wer da glaubt und getauft wird, der wird selig werden; wer aber nicht glaubt, der wird verdammt werden.«

(Markus 16,16)

Diese Hochachtung des Glaubens darf uns jedoch nicht dazu verleiten, die Taufe gering zu achten. Jesus gebietet sie und will uns durch Taufe und Glaube retten. Zugespitzt: Wer Nein sagt zur Taufe, schlägt Gottes Ja damit aus.

Wer Nein sagt zur Taufe, schlägt Gottes Ja damit aus.

Oder positiv formuliert: Wenn ich meinen Herrn liebe und mit ihm leben will, dann werde ich auch seinen Taufbefehl ernst nehmen.

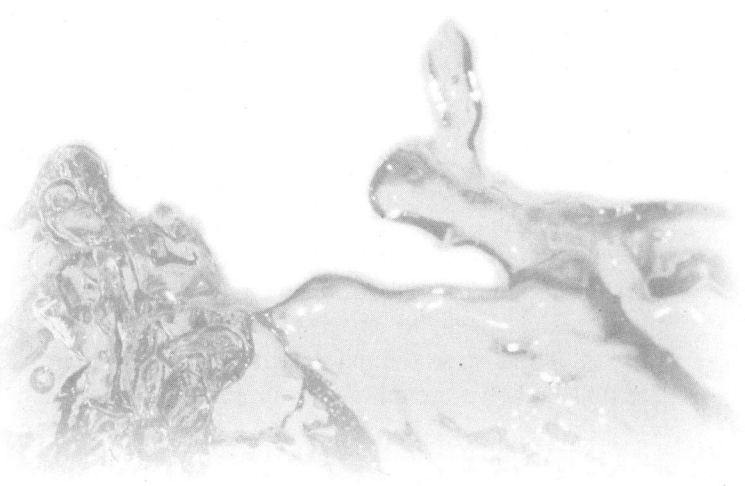

19. Macht die Taufe uns zu Christen?

Diese Frage hat zwei Seiten. Natürlich stimmt es, dass wir in der Taufe auf den Namen des dreieinigen Gottes und damit den Namen von Jesus Christus getauft werden. Natürlich ist es richtig, dass wir in der Taufe von neuem geboren werden. Jesus versucht dies Nikodemus zu erklären, wenn er sagt:

> »Es sei denn, dass jemand geboren werde aus Wasser und Geist, so kann er nicht in das Reich Gottes kommen. [...] Ihr müsst von neuem geboren werden.«

(Johannes 3,5.7b)

Ähnlich bezeichnet Titus 3,5 die Taufe als »Bad der Wiedergeburt«. So ist die Taufe tatsächlich das Geburtsdatum unseres Christseins.

Und dennoch: Bleibt die Taufe ohne Glauben, muss die Antwort auf die eingangs gestellte Frage »Nein« lauten. Ohne den Glauben an Jesus Christus macht uns auch eine Taufe auf seinen Namen nicht zu Christen. Wenn immer wieder, etwa nicht selten bei Beerdigungsgottesdiensten, die sogenannte Taufwiedergeburt verkündigt wird, nach der ein Getaufter mehr oder weniger automatisch in den Himmel kommt, dann ist dies schlichtweg unbiblisch und falsch. So sehr die Taufe formal ein Gebot unseres Herrn ist, so sehr ist sie inhaltlich ein Angebot, das im Glauben angenommen werden will. In der Tau-

Ohne den Glauben an Jesus Christus macht uns auch eine Taufe auf seinen Namen nicht zu Christen.

fe werden wir von Neuem geboren, und doch bleibt der Vorbehalt aus Markus 16,16: »wer aber nicht glaubt, der wird verdammt werden.«

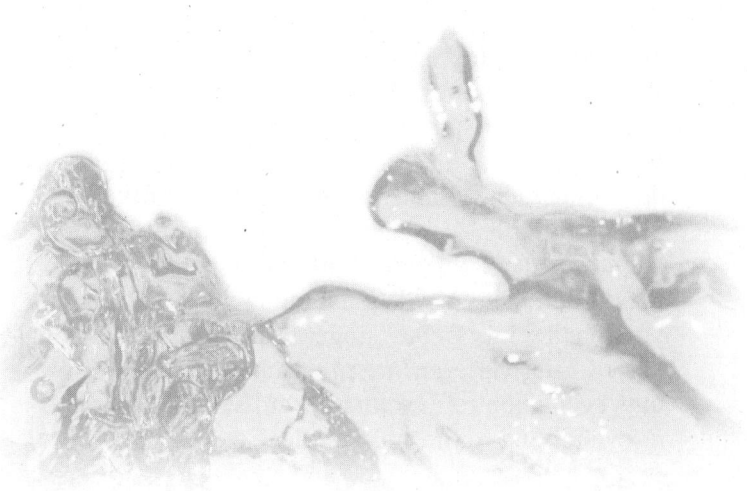

20. Ist die Taufe heilsnotwendig?

Wenn der Glaube nach Markus 16,16 eine gegenüber der Taufe hervorgehobene Bedeutung hat, bleibt die umgekehrte Frage: Ist die Taufe überhaupt heilsnotwendig? Muss ich getauft sein, um in Gottes Ewigkeit dabei zu sein? Ist ein Mensch auf ewig verloren, wenn er stirbt, ohne getauft zu sein?

Jesus gibt in dem schon mehrfach zitierten Vers Markus 16,16 eine spannende Antwort. Leider wird sie in der gängigen Taufdiskussion häufig überhört, weil man sich damit begnügt, eine zeitliche Abfolge von Glaube und Taufe herauslesen zu wollen.

Jesus geht es um keine zeitliche Abfolge, sondern um die Ewigkeit. Er hat kein Interesse an einem Lehrsatz, nach dem der Glaube einer Taufe zeitlich vorauszugehen hat. Jesus ringt um unsere Ewigkeit und unterweist uns über die Bedeutung von Taufe und Glaube für unser ewiges Heil. Wenn Jesus festhält: »Wer da glaubt und getauft ist, der wird selig werden«, dann kann ich nicht einfach behaupten, Rettung sei auch ohne die Taufe möglich. Nehmen wir Jesus beim Wort, hat die Taufe nicht nur Heilsbedeutung. Mit dem Glauben zusammen ist sie geradezu heilsnotwendig. Vermutlich liegt Ihnen schon die nächste Frage auf der Zunge. Ich will sie etwas zugespitzt aufnehmen: Sind damit alle Menschen auf ewig verloren, die vielleicht auf der Fahrt zur Taufe bei einem Autounfall ums Leben kommen? Was ist mit einem Säugling, der kurz nach seiner Geburt ungetauft stirbt? Ist ein gläubiger Christ verloren, wenn er, ohne getauft zu sein, ums Leben kommt? Wenn die Taufe tatsächlich heilsnotwendig ist, dann müsste dies doch so sein, oder?

Nein. So weit geht Jesus nicht. Hier ist es geboten, auf den Nachsatz von Markus 16,16 zu hören, in dem von der Taufe keine Rede mehr ist: »wer aber nicht glaubt, der wird verdammt werden.«

Die Frage nach der Heilsnotwendigkeit der Taufe muss also zweiteilig beantwortet werden: Ja, die Taufe ist heilsnotwendig. So lehrt es Jesus in der ersten Hälfte von Markus 16,16. In der zweiten Vershälfte verbietet er jedoch den Umkehrschluss, nach dem jeder ungetaufte gläubige Christ ohne die Taufe verloren ist. Es bleibt eine Spannung, die wir nicht aufzulösen vermögen. So sehr die Taufe heilsnotwendig ist, ist es nicht an uns, das Verdammungsurteil über einen ungetauften Christen zu sprechen, noch uns um die Ewigkeit eines Menschen zu sorgen, den Gott vor seiner Taufe von uns genommen hat. In dieser Spannung zwischen Heilsnotwendigkeit einerseits und verbotenem Umkehrschluss andererseits sind wir gehalten, Gott zu vertrauen, dass er größer ist als unsere Logik.

21. Kann man als Getaufter verloren gehen?

Die letzte Frage in diesem Zusammenhang ist dogmatisch etwas leichter, in ihrer Tragweite jedoch schwerer zu beantworten. Nehmen wir die Bibel ernst und allen anderen Belegen voran wieder Markus 16,16, dann kann ein getaufter Mensch verloren gehen.

Die Taufe ist das Urdatum unseres Christseins. Hier verspricht und verbindet sich der lebendige Gott mit uns. Doch wie der Mensch schon im Garten Eden nur eingeladen ist, vom Baum des Lebens zu essen und Gott ihn nicht für seine Ewigkeit zwangsverpflichtet, ist der Mensch auch jetzt frei, Gottes Ja mit seinem Nein zu erwidern. Auch mit dem Brot des Lebens gibt es keine Zwangsspeisung. Gott verspricht sich uns in der Taufe und im Abendmahl und ruft uns umgekehrt zum Glauben und Gehorsam. Wer Gott den Glauben und den Gehorsam verweigert, lehnt damit auch indirekt die Taufe ab bzw. die Verbundenheit mit Gott, die er uns in der Taufe schenkt und im Abendmahl neu zuspricht. Bei Gott gibt es keinen Zwang. Wer auf die in der Taufe angebotene Verbundenheit mit Gott verzichten will, kann dies tun. Es fehlt ihm dann aber auch die Verbundenheit mit seinem Herrn im Sterben und wenn Jesus all jene in seine Ewigkeit aufnimmt, die sein Taufgeschenk der Verbundenheit im Glauben angenommen haben.

> *Auch mit dem Brot des Lebens gibt es keine Zwangsspeisung.*

22. Welche Voraussetzungen hat eine Taufe?

Zunächst müssen wir sagen: Die erste und entscheidende Voraussetzung der Taufe liegt nicht bei uns, sondern bei Gott. Sein Sohn ist für uns gestorben und auferstanden. Damit sind wir mit Gott versöhnt; die Taufe gibt uns Anteil an dieser Versöhnung.

Im sechsten Kapitel des Römerbriefs sagt Paulus: Wir sind mit Christus gestorben und auferstanden. Das ist nicht nur schwer vorstellbar; das sprengt den Horizont unseres Denkens. Wir lesen das in der Bibel, und wir buchstabieren es durch. Nach und nach finden wir uns so ein in das Wunder, das Gott in der Taufe an uns tut.

Die entscheidende Voraussetzung für jede Taufe liegt also auf Gottes Seite. Unser Heil liegt nicht in uns, sondern außerhalb von uns: in Jesus Christus. Trotzdem kann und soll nicht jeder Mensch aufs Geratewohl hin getauft werden. Wenn wir im Neuen Testament die Stellen vergleichen, in denen von der Taufe die Rede ist, dann entdecken wir: Ein Mensch wird nie nur einfach so getauft. Die Taufe ist immer eingebettet in einen Zusammenhang von Ereignissen. Dazu gehören:

Ein Mensch wird nie nur einfach so getauft. Die Taufe ist immer eingebettet in einen Zusammenhang von Ereignissen.

– Ein Mensch hört das Wort Gottes und begegnet so Jesus Christus.

– Ein Mensch kehrt um zu Gott.

- Ein Mensch kommt zum Glauben an Christus.

- Ein Mensch empfängt den Heiligen Geist.

- Ein Mensch bekennt seine Sünde und bekennt sich zu Jesus Christus.

- Einem Menschen werden die Sünden vergeben.

- Ein Mensch wird Teil der Gemeinde Jesu Christi, nimmt am Abendmahl teil und betet.

- Ein Mensch beginnt ein neues Leben nach Gottes Geboten und lobt Gott.

In diesen Ereigniszusammenhang gehört auch:

- Ein Mensch begehrt für sich oder die ihm anvertrauten Menschen die Taufe.

- Ein Mensch wird auf den Namen des dreieinigen Gottes getauft.

Verschiedene Stellen in der Bibel machen das deutlich, besonders Matthäus 28,18-20 oder Apostelgeschichte 2,37 ff.

Wichtig ist: Die Reihenfolge dieser einzelnen Ereignisse ist nicht festgelegt. Sie variiert. Das werden wir gleich sehen, wenn wir über die nächste Frage nachdenken. Zunächst halten wir aber grundsätzlich fest: Eine Taufe muss in den Zusammenhang dieser Ereignisse eingebettet sein.

Das hat Konsequenzen. Ein Mensch, der etwa die Umkehr zu Gott ablehnt oder der ein Leben führt, in dem Gottes Gebote nicht beachtet werden, oder der sich von der Gemeinde fernhält, kann nicht getauft werden. – Wir werden darauf noch zurückkommen, wenn wir nach der Taufpraxis in der Volkskirche fragen.

23. Wird bei der Taufe der Heilige Geist empfangen?

Wie wir eben gesehen haben, gehört der Empfang des Heiligen Geistes zum umfassenden Taufgeschehen dazu, kann aber der Taufe vorausgehen oder ihr nachfolgen. So empfangen etwa die Menschen, die im Haus des Kornelius versammelt sind, den Heiligen Geist, bevor sie getauft sind (Apostelgeschichte 10,44-48). Dagegen wird der Heilige Geist von den Samaritern, die Philippus getauft hat, erst nach der Taufe empfangen (vgl. Apostelgeschichte 8,12-17); Petrus und Paulus reisen extra an, um den beiden die Hände aufzulegen. Auch bei der Taufe des äthiopischen Finanzministers in Apostelgeschichte 8,35 ff. ist nicht ausdrücklich erwähnt, dass er den Heiligen Geist empfangen hätte; allerdings könnte die Freude des Mannes (Vers 39) Ausdruck dafür sein, dass Gottes Geist ihn erfüllt und er deshalb befreit und fröhlich weiterzieht (vgl. auch Apostelgeschichte 13,52).

Wenn wir die Apostelgeschichte lesen, stellen wir fest: Durch Taufe und Geistempfang wird die Gemeinde gebaut. Taufe und Empfang des Heiligen Geistes gehören eng zusammen: Wer getauft ist, muss den Geist empfangen; wer den Geist empfangen hat, muss getauft werden. In der Taufe ist der Heilige Geist am Werk. Freilich, wenn ein Mensch nicht glaubt, was ihm in der Taufe geschenkt wird, so zieht sich der Heilige Geist zurück. Es ist keineswegs so, dass alle Getauften unabhängig von ihrem Leben und Glauben vom Heiligen Geist erfüllt und geleitet wären. Die Tau-

Alles hängt daran, dass die von Gott aufgerichtete Beziehung gelebt wird.

fe ist zwar von Gott eingesetzt und gesegnet, dennoch gibt es keinen Automatismus im Sinne von: »getauft und deshalb automatisch geisterfüllt und gerettet.« Alles hängt daran, dass die von Gott aufgerichtete Beziehung gelebt wird.

Wir sollten uns jedoch vor dem Urteil hüten, die Taufe sei nur ein äußeres Geschehen mit Wasser und Worten und das eigentliche geistliche Geschehen sei ein anderes. Beides gehört zusammen und geschieht zusammen. So hat es Gott geordnet.

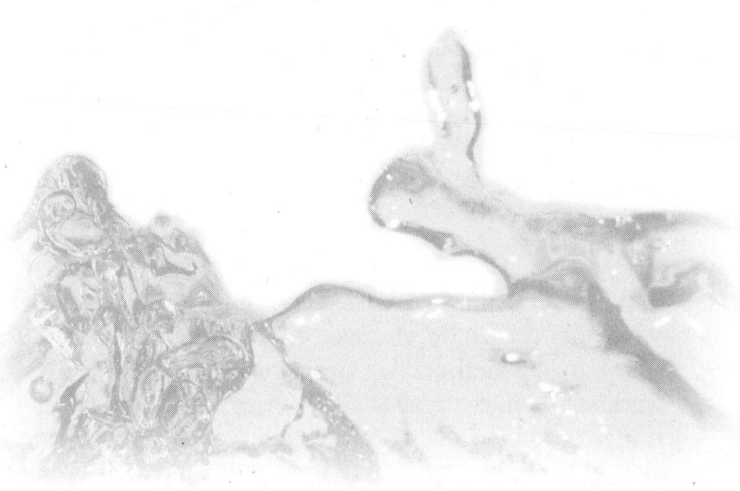

24. Gibt es eine gesonderte Geisttaufe?

Wenn ein Mensch zum Glauben kommt, dann wird er neu geboren »aus Wasser und Geist« (vgl. Johannes 3,5; Titus 3,5). Wasser und Geist, sichtbares Geschehen und innere Erneuerung, gehören in der Taufe zusammen. Das ganze Neue Testament kennt nur eine einzige Taufe, zu der Wasser ebenso gehört wie der Empfang des Heiligen Geistes. Dass beides bei einzelnen Personen zeitlich auseinanderliegen kann, haben wir in der Apostelgeschichte gesehen, aber das rechtfertigt in keiner Weise, von zwei Taufen zu reden: einer bloßen Wassertaufe und einer vermeintlich zweiten sogenannten Geisttaufe.

Es ist geradezu ein Kennzeichen der Taufe auf den Namen Jesu Christi bzw. auf den Namen des dreieinigen Gottes, dass der Empfang des Heiligen Geistes mit ihr eng verbunden ist. Vorläufer der christlichen Taufe war die Bußtaufe durch Johannes den Täufer. Er hat nur mit Wasser getauft. Die christliche Taufe knüpft bewusst an diese Johannestaufe an, die auch ein einmaliges Geschehen war, von den Täuflingen passiv erfahren wurde und im Jordan durch Untertauchen geschah. Diese Taufe war verbunden mit der Umkehr eines Menschen und geschah zur Vergebung der Sünden. Aber der Heilige Geist wurde durch diese Taufe nicht empfangen. Die Gabe des Heiligen Geistes ist erst durch das Heilswerk möglich, das Jesus vollbracht hat. Er ist der Geistträger, auf dem der Geist Gottes ruht. Das wird an

Die eine christliche Taufe wird daher von Anfang an durch »Wasser und Geist« konstituiert.

seiner eigenen Taufe deutlich. Und die auf seinen Namen getauft werden, werden mit Wasser und dem Heiligen Geist getauft. Die eine christliche Taufe wird daher von Anfang an durch »Wasser und Geist« konstituiert (vgl. etwa 1. Korinther 12,12-13; Apostelgeschichte 11,15-16 sowie Matthäus 3,11; Markus 1,8; Lukas 3,16; Johannes 1,33; Apostelgeschichte 1,5).

Die Lehre von der »Geisttaufe« als einer zweiten Erfahrung nach Bekehrung und Taufe wurde vor allem in der klassischen Pfingstbewegung entwickelt. Besondere Gaben des Geistes oder das Reden in Zungen werden dabei als Zeichen dieses besonderen Geistempfangs verstanden, der in besonderer Weise zum geistlichen Dienst befähige. Diese Lehre lässt sich aber biblisch nicht halten, da sie den grundlegenden Zusammenhang von Verkündigung, Umkehr, Glauben, Geistempfang, Taufe, Sündenvergebung, Eingliederung in die Gemeinde verkennt. Problematisch ist sie insbesondere deshalb, weil es nach ihr zwei Stufen des Christseins gibt: einmal die »normal Bekehrten und Getauften« und dann die speziell »Geistgetauften«, die in besonderer Weise in der Heiligung lebten und zu besonderen Diensten begabt seien. Diese Unterscheidung der Christen in verschiedene Klassen lehnt das Neue Testament jedoch kategorisch ab (vgl. etwa Galater 3,26-28). Dass die Taufe aber sehr wohl mit einem neuen Lebensstil zu tun hat, zeigt die Antwort auf die folgende Frage.

25. Wie hängen Taufe und ein neuer Lebensstil zusammen?

Wer getauft ist, kann nicht weiterleben wie vor seiner Taufe. Als Kind Gottes haben die Gebote Gottes eine besondere Bedeutung. Der Heilige Geist weckt zudem die Sehnsucht, nach dem Willen Gottes zu leben. Gottlos leben, Ehebruch, Unzucht, Götzendienst – das alles war vorher. Jetzt ist ein neues Leben angesagt (vgl. 1. Korinther 6,11). In Römer 6 ruft Paulus seine Leser dazu auf, als Getaufte zu leben, und das heißt: nach Gottes Willen.

Wer getauft ist, ist »mit Christus in den Tod getauft« (Römer 6,3). Unser altes Wesen ist gestorben, sozusagen mit Jesus gekreuzigt worden. Wir leben neu. Wir sind neu geboren. So wie Jesus auferstanden ist, haben auch wir ein neues Leben. Das muss sich in dem zeigen, was wir tun und reden, wie wir uns geben und auftreten. Paulus nimmt die Taufe ernst, todernst. Weil in ihr Gott handelt, weil in ihr wirklich etwas Geistliches geschieht, können wir als Getaufte auch geistlich leben: »Gebt eure Glieder nicht der Sünde zu Werkzeugen der Ungerechtigkeit, sondern gebt euch Gott hin!« (vgl. Römer 6,13). Das neue Leben, das uns Jesus schenkt, ist Gabe und Verpflichtung zugleich.

Das neue Leben, das uns Jesus schenkt, ist Gabe und Verpflichtung zugleich.

Freilich sind auch wir Christen, die getauft sind und den Heiligen Geist empfangen haben, nie sündlos. Perfekte Christen gibt es nicht. Wir bleiben Sünder. Aber vor Gott werden wir trotzdem als gerecht angesehen, eben weil er uns »in Gnaden« ansieht. Gott setzt ganz bewusst eine Brille auf, wenn er uns ansieht: Es ist die Brille seiner Barmherzigkeit. Weil er, wenn er uns sieht, zugleich Jesus sieht, sieht er uns als gerecht an. Was Jesus in Kreuz und Auferstehung erworben hat, gilt uns. In der Taufe wurde es uns auf den Leib geschrieben: »Gerecht vor

Gott um Christi willen« – wer's glaubt, wird selig!

Nun geht es nur noch darum, das zu leben, was wir schon sind: Vor Gott sind wir heilig, also lasst uns heilig leben. Vor Gott sind wir gerecht, also lasst uns gerecht leben. Vor Gott sind wir gut und entsprechen – durch Jesus allein – seinem Willen, also lasst uns nach seinem Willen leben!

Was Gott für uns getan hat und was wir nun tun sollen – das kommt in der Taufe zusammen. Sie ist der Kristallisationspunkt, in dem Gottes Heilstat und unser Handeln sich treffen. Deshalb nimmt uns die Taufe in die Pflicht: Nimm das Geschenk an und lebe das neue Leben!

26. Aus der Taufe leben – wie geht das?

Bislang wurde schon deutlich: Die Taufe ist viel mehr als ein Akt irgendwann in der Vergangenheit meines Lebens. Sie hat mit meinem Leben und Handeln hier und jetzt zu tun. Und das nicht nur als Ermahnung, nach Gottes Willen zu leben. Nein, die Taufe ist der Anker der Barmherzigkeit Gottes in unserem Leben. Wir dürfen uns das jeden Tag bewusst machen: Ich bin getauft. Ich gehöre zu Jesus. Sein Kreuz steht über meinem Leben. Er vergibt mir. Ich bin ein neuer Mensch. – Wer seine Taufe richtig begreift, muss vor Freude platzen. Die Taufe ist eigentlich ein Grund zum Tanzen und Singen: »Herr, ich lobe deinen Namen, und ich danke dir, dass dein Name über meinem Leben steht. Du hast mich überreich beschenkt.«

Luther hat immer wieder davon gesprochen, dass er in seine Taufe »hineinkriechen« will. Sich ganz bergen in Gottes Armen. Sich verstecken in der Barmherzigkeit unseres Herrn. Immer wieder zurückkehren zu dem Wort, das mich trägt, im Leben und gewiss im Sterben:

> »Fürchte dich nicht, ich habe dich erlöst. Ich habe dich bei deinem Namen gerufen; du bist mein.«

> (Jesaja 43,1)

Was Gott in Jesaja 43 zu seinem Volk sagt, das dürfen wir ganz persönlich aus dem Mund von Jesus Christus, unserem Herrn, hören. Mehr braucht es nicht. Weiter können wir im Leben nicht kommen als bis zu diesem Punkt: Nur hören. Gottes Gnade gelten lassen. Ganz passiv sein. Mir Gottes Barmherzigkeit gefallen lassen. Gerade das ist Heiligung. Sobald ich selbst »mehr« will als diese Barmherzigkeit, sobald ich meine guten Werke dazusetzen will, falle ich aus der Gnade. Nein, die Gnade genügt. Deshalb gilt diese Richtung: zurück zur Taufe! Hineinkriechen in die Verheißung, mit der mein Glaubensleben begann. Dieses Wort allein wird es auch vollenden. Denn Gott schafft, was er sagt. Himmel und Erde werden vergehen, aber seine Worte bleiben. Getauft sein heißt: ganz in Gottes Schöpferwort aufgehoben zu sein – und gerade deshalb zu leben, ewig zu leben.

Getauft sein heißt: ganz in Gottes Schöpferwort aufgehoben zu sein – und gerade deshalb zu leben, ewig zu leben.

Ich rate dazu, den eigenen Tauftag zu feiern. Wissen Sie eigentlich, wann Sie getauft worden sind? Sehen Sie auf das Kreuz. Halten Sie sich Ihren Denkspruch oder ein Verheißungswort wie das aus Jesaja 43,1 vor Augen. Nehmen Sie sich Zeit zur Stille, zum Hören, zur Freude an der Gnade. Und denken Sie immer wieder daran: Der Sieg von Golgatha ist der Sieg über die Abgründe unseres Lebens. Dafür steht die Taufe.

Der Sieg von Golgatha ist der Sieg über die Abgründe unseres Lebens. Dafür steht die Taufe.

27. Hat Jesus eigentlich auch getauft?

Wie wir schon gesehen haben, wurde Jesus von Johannes dem Täufer getauft. Er selbst aber hat sehr wahrscheinlich nicht getauft. Zwar heißt es in Johannes 3,22, Jesus sei mit seinen Jüngern in das Land Judäa gekommen und hätte dort getauft. Wenige Verse später wird in Johannes 4,1-3 jedoch berichtet, dass es die Jünger von Jesus waren, die tauften, er selbst jedoch habe nicht getauft. Auch die anderen Evangelien berichten nichts von einer Tauftätigkeit Jesu. Deshalb können wir davon ausgehen, dass Jesus selbst nicht getauft hat, sehr wohl aber seine Jünger.

Deshalb können wir davon ausgehen, dass Jesus selbst nicht getauft hat, sehr wohl aber seine Jünger.

Vermutlich haben sie selbst zunächst die Bußtaufe praktiziert, die auch Johannes der Täufer auf seine Umkehrpredigt folgen ließ. Erst nach Ostern, Himmelfahrt und Pfingsten, nachdem Jesus gegangen war, aber dafür den Heiligen Geist gesandt hatte, tauften die Apostel auf den Namen des Vaters, des Sohnes und des Heiligen Geistes. Bußpredigt und Taufaufforderung sind nun auf das Engste miteinander verbunden (vgl. etwa die Pfingstpredigt des Petrus in Apostelgeschichte 2,38). Genau das hat Jesus ihnen vor seiner Himmelfahrt in seinem Taufbefehl geboten (Matthäus 28,18-20).

Übrigens: Ob eine Taufe auf den Namen Jesu Christi oder auf den Namen des dreieinigen Gottes erfolgt, ist gleichbedeutend. Jesus, der auferstandene Gekreuzigte, ist als Herr seiner Gemeinde eingesetzt. Wird sein Name genannt, so ist der dreieinige Gott auf dem Plan. Umgekehrt: Wird der dreieinige Gott genannt, so ist der Sohn inbegriffen.

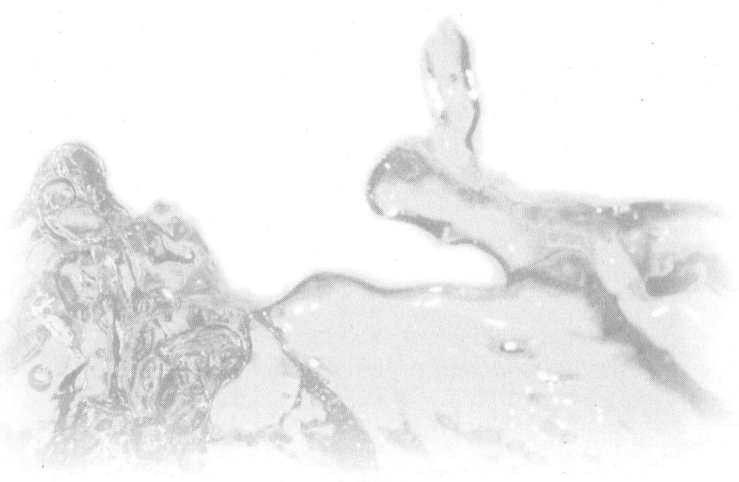

28. Haben die Apostel Kinder getauft?

Diese Frage ist natürlich nicht nur von historischem Interesse. Unter vielen Christen ist es eine offene Frage, ob sie ihre Kinder als Säuglinge taufen lassen oder ob sie warten sollen, bis die Kinder älter sind und ihre Taufe selbst miterleben. Manche wollen die Taufe ihrer Kinder auch bewusst hinauszögern, bis diese im mittleren Teenageralter oder gar junge Erwachsene sind. Wenn aber nun biblisch zu belegen wäre, dass die Apostel Kinder getauft hätten, so würde es noch fragwürdiger, die Taufe der eigenen Kinder aufzuschieben. Was aber wissen wir über die Taufpraxis der Apostel?

Bibelkundige wissen: Von einer Säuglings- oder Kindertaufe wird im Neuen Testament nicht ausdrücklich berichtet. Sonst würde diese Frage ja auch kaum so häufig und leidenschaftlich diskutiert. Wohl aber wird mehrfach davon berichtet, dass die Apostel ganze Häuser getauft haben. Freilich sind bei der Taufe von Häusern nicht die Gebäude, sondern der jeweilige Personenkreis gemeint, die als Hausgemeinschaft zusammenlebten. An fünf Stellen ist davon die Rede:

Apostelgeschichte 10,2.44-48:
das Haus des Hauptmanns Kornelius

Apostelgeschichte 16,14-15:
das Haus der Purpurhändlerin Lydia

Apostelgeschichte 16,30-34:
das Haus des Kerkermeisters von Philippi

Apostelgeschichte 18,8:
das Haus des Synagogenvorstehers Krispus

1. Korinther 1,16:
das Haus des Korinthers Stephanas

Die höchst spannende Frage lautet also: Lässt sich aufgrund der Taufe von »Häusern« aus dem Neuen Testament bzw. aus dem apostolischen Handeln die Praxis der Kindertaufe ableiten?

Die genannten Texte berichten davon, wie einer der Apostel das Evangelium verkündet und sich daraufhin ein Mensch, der für ein Haus verantwortlich ist, taufen lässt – und zwar mit seinem Haus. Zum Haus gehörten damals die Familie, Frau und Kinder, Groß- und Schwiegereltern, möglicherweise weitere

> *Der Vorstand des Hauses kommt zum Glauben, lässt sich umgehend taufen und das mit allen Mitgliedern der Hausgemeinschaft.*

Verwandte, gewiss aber auch Angestellte und Sklaven, sogenannte Unmündige. Welche Personen im Einzelfall zu einem Haus gehörten, wissen wir nicht. Die Purpurhändlerin Lydia etwa könnte unverheiratet gewesen sein, der Kerkermeister könnte eine Familie mit Kindern gehabt haben – sicher ist das jedoch nicht. Deutlich ist aber: Der Vorstand des Hauses kommt zum Glauben, lässt sich umgehend taufen und das mit allen Mitgliedern der Hausgemeinschaft.

Man bedenke: Der Kerkermeister war vom Zeugnis des Paulus so ergriffen, dass er zum Glauben kam und sich mit den Seinen sofort taufen ließ, mitten in derselben Nacht. Ein langer Unterricht kann nicht vorangegangen sein. Die Apostel zögerten nicht, sofort zu taufen (vgl. auch Apostelgeschichte 8,36-38), wenn ein Mensch getauft werden wollte. Sie zögerten auch nicht, die Angehörigen des Hausvorstandes umgehend zu taufen. Wie konnten sie das so unbekümmert tun?

Entscheidend ist wieder der Zusammenhang der Ereignisse, in den die Taufe eingebettet ist: Wenn das Wort Gottes bewirkt, dass ein Mensch umkehrt, zum Glauben kommt und mit Jesus leben möchte – dann steht einer Taufe nichts im Wege. Auch wenn er noch wenig oder so gut wie nichts von der biblischen Geschichte und Lehre weiß. All diese Kenntnis muss nachfolgen; er muss in das Leben als Christ und in die Gemeinde hineinwachsen. Genau das trauten die Apostel diesen absoluten Frischlingen im Glauben aber zu: dass sie das großartige Geschenk ihrer Taufe nach und nach entdecken würden. Aber damit nicht genug: Sie gingen sogar so weit, dass sie diejenigen tauften, die den Neubekehrten anvertraut waren. Und das, obwohl diese selbst vielleicht noch nicht einmal getauft werden wollten, kaum wussten, wie ihnen geschah. Unmündige Sklaven etwa hätten sich gar nicht von sich aus entscheiden können. Sie wurden einfach mitgetauft – auf die Verantwortung des Hausvorstandes hin.

Dieser hatte dafür Sorge zu tragen, dass er und alle in seinem Haus von nun an ein neues Leben nach Gottes Geboten führten. Der Hausvorstand war für das Leben im Haus verantwortlich. Er hatte nun dafür zu sorgen, dass der Ereigniszusammenhang, in den die Taufe eingebettet ist, in seinem Haus gelebt wurde: dass etwa das Wort Gottes gelesen und gelehrt wurde, dass gebetet, der Gottesdienst besucht, Gottes Gebote bekannt und gelebt,

Sie fragten nicht nach dem Alter der Hausgenossen oder nach deren Bildungsstand, sie fragten keine Katechismuskenntnisse ab, sie forderten nicht einmal ein Bekenntnis – sie tauften.

Sünden bekannt und das Abendmahl gefeiert wurde etc. Dafür war der Hausvater oder die Hausmutter verantwortlich. Das wussten die Apostel und deshalb tauften sie. Sie fragten nicht nach dem Alter der Hausgenossen oder nach deren Bildungsstand, sie fragten keine Katechismuskenntnisse ab, sie forderten nicht einmal ein Bekenntnis – sie tauften.

Das taten sie sicher nicht leichtfertig, als verschleuderten sie das Evangelium. Sie taten es auf die Initiative des verantwortlichen Hausvorstandes hin, auf seinen Wunsch hin und auf seine Verantwortung.

Die Frage ist zweitrangig, ob unter den Mitgliedern der Hausgemeinschaften nun auch minderjährige Kinder waren oder nicht. Es ist zwar wahrscheinlich, dass dies der Fall war, aber entscheidend ist: Auf die Initiative des verantwortlichen Hausvorstandes hin wurden die ihm Anvertrauten getauft. Er hatte dafür Sorge zu tragen, dass diese nun im Glauben wuchsen und sich später ihrer Taufe freuen konnten. Wenn wir bedenken, dass unter den Hausgenossen üblicherweise auch Unmündige waren, so ist damit eine Taufe von Kindern vorgezeichnet. Wie der Hausvorstand damals, übernehmen heute Eltern und Paten die Verantwortung, dass ihre Kinder im Glauben aufwachsen und ihre Taufe keine religiöse Episode bleibt. Dazu aber später mehr.

29. Ist die Kindertaufe biblisch?

Zunächst einmal müssen wir festhalten: Die Frage, ob Kinder getauft werden sollen oder nicht, wird im Neuen Testament nicht reflektiert. In der Missionssituation der Urgemeinde wurden vornehmlich erwachsene Heiden getauft, die zum Glauben kamen. Das ist in den Missionsgebieten der Gegenwart nicht anders. Die Taufen von ganzen Hausgemeinschaften, die damals üblich waren, zeigen aber: Die Apostel haben nicht nach Altersgrenzen oder sonstigen Ausschlusskriterien für eine Taufe gefragt, sie haben diejenigen getauft, die sie anderen Glaubenden anvertrauen konnten. Nehmen wir das ernst, dann ist es geradezu geboten, etwa Kinder von gläubigen Eltern zu taufen. Denn diese übernehmen die Verantwortung dafür, dass in ihrem Haus christlich gelebt wird und damit also der Ereigniszusammenhang verwirklicht wird, in den die Taufe eingebettet ist.

Wie der Hausvorstand treffen die Eltern stellvertretend für ihre Kinder die Entscheidung für eine Taufe. Wenn in einem solchen Haus gebetet wird, Gott gelobt wird, in der Bibel gelesen und nach Gottes Gebot gelebt wird, wenn diese Hausgemeinschaft also Teil einer christlichen Gemeinde ist, so muss umgekehrt gefragt werden: Kann denn den Kindern, die hier mitleben, die Taufe verwehrt werden? Gehören sie etwa nicht zur Gemeinde dazu? Kann ihr kindliches Vertrauen, das Jesus sogar als vorbildlich bewertet, als minderwer-

Kann irgendein Mensch beurteilen, welches Alter oder welche intellektuelle Reife die Voraussetzung für einen Glauben und ein Bekenntnis sind, die einen Menschen vermeintlich »taufwürdig« machen?

tig beurteilt werden? Oder ist das Gebet, das Lob und der Glaube von Kindern etwa kein Werk des Heiligen Geistes? Kann irgendein Mensch beurteilen, welches Alter oder welche intellektuelle Reife die Voraussetzung für einen Glauben und ein Bekenntnis sind, die einen Menschen vermeintlich »taufwürdig« machen?

Für den weiteren Weg der getauften Kinder gilt dasselbe, was allen Getauften gilt: Folgen sie Jesus nach und leben in Beziehung zu ihm, dann gewinnt der Heilige Geist immer mehr Raum in ihrem Leben, sie freuen sich ihrer Taufe und lernen sie zunehmend als ein Gottesgeschenk zu schätzen. Wollen sie aber mit Jesus nichts zu tun haben, halten sie sich von der Gemeinde fern und fragen nicht nach Gottes Willen, dann lassen sie die Verheißung verhallen, die bei der Taufe über ihrem Leben ausgesprochen wurde.

Das Bild vom Brandzeichen ist hilfreich: Wenn ein Schaf geboren wird, dann brennt ihm der Besitzer ein Zeichen auf den Leib oder heftet ihm eine Marke an: Jedenfalls bekommt das Schaf ein Zeichen des Eigentums. Dieses Schaf gehört zu diesem Hirten. Wenn das Schaf nun bei der Herde bleibt und darin aufwächst und gedeiht, dann lebt es als Eigentum des Hirten. Es lebt, wozu es bestimmt ist. Läuft das Schaf aber davon, weit weg von der Herde und dem Hirten, bei dem es eigentlich zu Hause ist, suhlt es sich im Schlamm und im Dreck, verlässt es seinen Lebensraum und kommt in der Wildnis um, dann trägt es zwar das Zeichen des Eigentums, aber es geht dennoch verloren.

Ganz ähnlich ist es mit der Taufe von Kindern: Das Zeichen des Eigentums wird einem Kind auf den Leib geschrieben. Es gehört zu Jesus und seiner Gemeinde. Eltern, Gemeinde und Jesus selber sind für das Kind da, aber es ist frei, dorthin zu gehen, wohin es will. Es kann sich von zu Hause abwenden, und es kann verloren gehen. Davor schützt die Taufe nicht automatisch. Allerdings – darauf dürfen wir gerade hoffen, wenn wir das Bild vom Schaf und seinem Hirten bedenken: Der gute Hirte geht auch dem verlorenen Schaf nach und sucht es, bis er es findet. Bei Gott gibt es keine hoffnungslosen Fälle (vgl. Lukas 15,1-7).

Wenn wir fragen, ob die Kindertaufe biblisch ist, müssen wir einige weitere Aspekte bedenken: In Kolosser 2,11-12 wird die Taufe ganz parallel zur Beschneidung gesehen. Die Beschneidung aber erfolgte nach jüdischer Sitte jeweils am achten Tag nach der Geburt, also eindeutig im Säuglingsalter. Auffällig ist auch, dass Petrus in seiner Pfingstpredigt unmittelbar nach dem Ruf zu Bekehrung und Taufe sagt, die Verheißung gelte auch für die

Bei der Taufe von Kindern wird in besonderer Weise deutlich, dass Gottes Gnade unserem Wollen und Entscheiden vorausgeht.

Kinder der Anwesenden (Apostelgeschichte 2,39). Und schließlich wird aus den Haustafeln des Neuen Testaments und den Briefanreden deutlich, dass auch Kinder bei den gottesdienstlichen Versammlungen anwesend waren (vgl. Epheser 6,1; Kolosser 3,20). Viele Gottesdienste fanden damals aber noch in Hausgemeinden statt, die häufig durch die Taufe von Hausgemeinschaften gegründet wurden. Wir dürfen also annehmen, dass darunter auch getaufte Kinder waren. Neben diesen Gesichtspunkten ist noch etwas ganz Wesentliches zu nennen: Bei der Taufe von Kindern wird in besonderer Weise deutlich, dass Gottes Gnade unserem Wollen und Entscheiden vorausgeht (vgl. Römer 9,16). Gottes Gabe ist es, wenn ein Mensch umkehrt, zum Glauben kommt, ein neues Leben im Gehorsam beginnt.

Wie könnte dieses Gottesgeschenk deutlicher werden als in der Taufe eines Kindes, das von sich aus noch nichts, aber auch gar nichts zu bringen hat?

Ist die Kindertaufe also biblisch? Ja, wenn die Voraussetzungen dafür gegeben sind, dass die getauften Kinder im Glauben aufwachsen und die Taufe keine christliche »Einzelaktion« in ihrem Leben bleibt. Gerade gläubige Eltern dürfen ihre Kinder fröhlich zur Taufe bringen und brauchen ihnen das großartige Gottesgeschenk nicht vorzuenthalten. Es ist geradezu tragisch, dass in den letzten Jahren ausgerechnet viele Eltern, deren Kinder in aller biblischen Freiheit getauft werden können, ja getauft werden sollten, die Kindertaufe hinterfragen und die Taufe aufschieben, während weniger gemeindenahe Familien ihre Kinder unbekümmert taufen lassen.

Im Blick auf solche Familien müssen wir aber gerade vorsichtiger antworten. Denn gerade mit der Taufe von Kindern sieht es anders aus, wenn deren Eltern sich erkennbar von der Gemeinde fernhalten, auch offenkundig nicht an einem christlichen Lebensstil interessiert sind und ihre Kinder auch nicht im Glauben erziehen wollen. Dann wird die Taufe ihrer organischen Einheit entrissen, in die sie hineingehört. Die volkskirchliche Praxis ist hier zu hinterfragen. Darauf werden wir in späteren Fragen noch zurückkommen. Denn auch der taufenden Gemeinde kommt hier eine besondere Verantwortung zu.

30. Ist die Kindertaufe nicht nur ein Mittel zur Mitgliedergewinnung der Landeskirchen?

Dieser Vorwurf ist natürlich nicht einfach von der Hand zu weisen. Tatsächlich werden wir durch die Taufe nicht nur zu Gliedern am geistlichen Leib Christi, sondern auch zu Mitgliedern seiner irdischen Gestalt einer konkreten Kirche. Hier sind unsere Landeskirchen und mit ihnen alle Glieder immer wieder neu gefragt, zum einen die biblischen Argumente für eine Kindertaufe hochzuhalten und zum anderen Angebote zu machen für eine Erziehung der getauften Kinder auf den Glauben hin.

Doch wenden wir einmal den Blick weg von der Institution und hin zum Kind. Bei zwei Taufgesprächen innerhalb kurzer Zeit begegnete uns dieselbe Formulierung: »Mein Kind soll sich einmal selbst entscheiden können.« Der Unterschied war allerdings, dass die eine Familie aus der Kerngemeinde mit diesem Wunsch ihr Kind gerade nicht taufen ließ, während die andere Familie, die sich trotz Kirchenmitgliedschaft mit Kirche und Glauben eher schwer tat, mit derselben Formulierung ihr Kind gerade taufen lassen wollte. Obwohl die Eltern des zweiten Kindes selbst keinen rechten Zugang zur Kirche gefunden hatten, sollte ihr Kind als Kirchenmitglied zumindest die Chance haben, im Religionsunterricht und in der kirchlichen Jugendarbeit etwas vom Glauben mitzubekommen.

Eine Entscheidung zum Glauben an Jesus Christus braucht den christlichen Unterricht, den Zuspruch des Wortes Gottes und die Gemeinschaft von Mitmenschen, die im Glauben leben.

Eine Kirchenmitgliedschaft aufgrund der Taufe muss sich tatsächlich manche Nachfragen gefallen lassen. Richtig ist sie aber nicht nur aus biblisch-theologischen Gründen, sondern auch aus der ganz praktischen Erfahrung des Gemeindealltags heraus. Eine Entscheidung zum Glauben an Jesus Christus braucht den christlichen Unterricht, den Zuspruch des Wortes Gottes und die Gemeinschaft von Mitmenschen, die im Glauben leben.

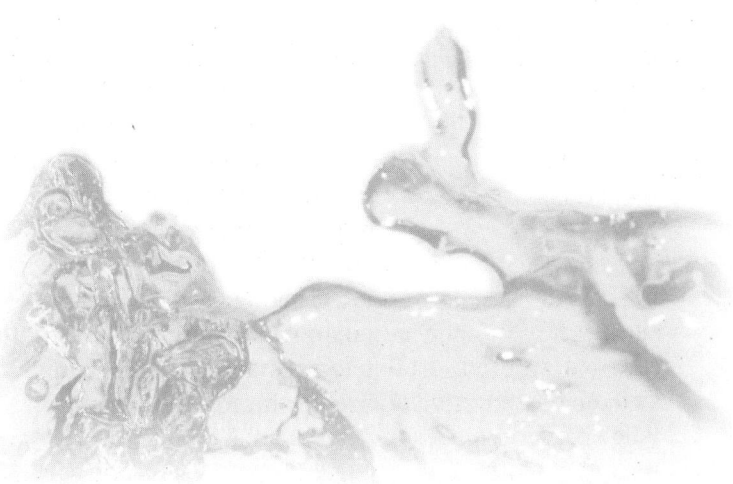

31. Wäre es nicht sinnvoll, die Säuglingstaufe durch eine Kleinkindertaufe zu ersetzen?

Was auf den ersten Blick verführerisch klingt, offenbart bei genauerer Betrachtung dieselben Anfragen wie bei einem bewussten Taufaufschub ins Jugend- oder Erwachsenenalter. Wie keine andere Taufform bringt die Säuglingstaufe zum Ausdruck, dass in der Taufe allein Gott der Handelnde ist. Die Taufe ist in Wort und Zeichen ausschließlich Gottes Werk. Auf den Glauben zielt sie hin. Er ist meine Antwort auf Gottes frohe Botschaft und nicht die Taufe. Diese ist Gottes frohe Botschaft in Wort und Zeichen. Aus diesem Grund sollte auch nicht von einer sogenannten Glaubenstaufe gesprochen werden. Der Glaube kann nicht mehr, als zu empfangen, was Gott in der Taufe schenkt. Dem entspricht, dass in der Bibel nur in der grammatikalischen Form des Passivs von der Taufe die Rede ist. Die Taufe kann man sich nur passiv schenken lassen.

Der Taufaufschub von der Säuglings- zur Kindertaufe löst das Problem der bewussten Bekehrung nicht. Wie bei der Erwachsenentaufe wird auch bei einer Kindertaufe der menschlichen Entscheidung mehr Gewicht beigemessen, als ihr zusteht. Naheliegend ist, was in der Praxis auch schon immer wieder vorgekommen ist: Ein als Kind getaufter Erwachsener fragt sich, ob sein Kinderglaube einer Taufe würdig war? Die Folge ist Verunsicherung. Also genau das, was die Tau-

Wer jedoch meint, der Glaube müsse der Taufe vorausgehen, wird sich laufend fragen, ob sein Glaube beim Empfang der Taufe auch ausreichend war.

fe nicht will. Die Taufe will vergewissern. Wer seine Taufe im Glauben annimmt, soll Heilsgewissheit haben. Wer jedoch meint, der Glaube müsse der Taufe vorausgehen, wird sich laufend fragen, ob sein Glaube beim Empfang der Taufe auch ausreichend war. Anfechtung statt Heilsgewissheit ist die Folge. Die Bedeutung der Taufe entscheidet sich nicht am Alter, in dem man sie empfängt. Selbstverständlich ist eine Taufe von größeren Kindern und von Erwachsenen möglich und auch in der Landeskirche voll gültig. Das steht ganz außer Frage. Die Säuglingstaufe bewahrt uns jedoch davor, die Kraft der Taufe von menschlichen oder – besser gesagt – unmenschlichen Voraussetzungen abhängig zu machen. Vielmehr hilft sie uns, alles, was unser Heil ausmacht, ganz in Gottes Hand zu wissen.

32. Welche biografischen und intellektuellen Voraussetzungen hat die Taufe?

Wir haben auch schon Tauffeste erlebt, bei denen Menschen getauft wurden, die kurz zuvor zum Glauben gekommen sind. Das ist etwas Großartiges. Es ist beeindruckend, zu sehen und dabei sein zu dürfen, wenn Menschen sich zu Jesus als ihrem Herrn bekennen, ihm ihr Leben übergeben und in der Taufe sich seine Gnade und ewige Verbundenheit zusagen und schenken lassen. Es gibt wohl nichts Schöneres auf dieser Welt. Doch kann man dies planen? Kann man dies als Eltern »machen«, indem man sein Kind als Säugling nicht taufen lässt? Das Gegenteil ist der Fall. Wer angesichts fehlender Reife oder fehlenden Glaubens seine Säuglingstaufe infrage stellt, ist auch nicht davor geschützt, als Erwachsener einmal eine Kinder- oder Jugendtaufe aus demselben Grund infrage zu stellen. Ist ein fünfjähriges Kind reif, glaubensstark und überzeugt genug, um sich taufen zu lassen? Wie eigenständig und frei von Elternwunsch und Gruppenzwang erbittet ein Konfirmand in der Pubertät seine Taufe? Woher weiß ich als Jugendlicher, junger Erwachsener oder auch Erwachsener, dass mein Glaube jetzt tief genug ist für eine Taufe? Darf ein geistig behinderter Mensch dann überhaupt getauft werden? Sie merken, worin das Problem besteht: Zum einen kann man den Glauben nicht messen, und zum

Wer angesichts fehlender Reife oder fehlenden Glaubens seine Säuglingstaufe infrage stellt, ist auch nicht davor geschützt, als Erwachsener einmal eine Kinder- oder Jugendtaufe aus demselben Grund infrage zu stellen.

anderen bleibt unser Glaube zeitlebens ein ange-
fochtener Glaube, eingebunden in ganz menschliche
Lebensumstände, wie Reifeprozesse, Pubertät, Krank-
heiten, Krisenerfahrungen mit Gott und der Welt etc.
Wer die Taufe seines Kindes aufschiebt, tut ihm keinen
Gefallen. Sicher, es gibt Ausnahmen. Die aber lassen
sich nicht planen. Wir können den Glauben nicht
machen. Was wir aber tun können, ist, unser Kind zur
Taufe zu bringen, dass es hört und im Glauben annimmt,
was Gott allein und ganz für es getan hat.

33. Sollte man sich an seine Taufe erinnern können?

Natürlich hat es seinen Reiz, wenn man sich an seine Taufe erinnern kann, weil man sie bewusst miterlebt hat. Doch auch hier ergeben sich gleich wieder zwei Anfragen.

Einmal: Wie verlässlich ist meine Erinnerung? Was trägt mich, wenn die Erinnerung verblasst, sei es durch eine Fülle anderer Erfahrungen, durch Krankheit oder einfach durch den Lauf der Zeit? Wer sich auf seine Erfahrung stützt, ist verlassen, wenn diese Erfahrung aus welchem Grund auch immer ins Wanken gerät. Gelassen darf sein, wer auf das Wort und Zeichen vertraut, das von außen zugesprochen worden ist. Keine innere Krise, keine verblassende Erinnerung, kein Zweifel und nicht einmal der Tod können uns rauben, was gar nicht in unserer Hand oder Erinnerung liegt, sondern fest bei Gott verankert ist.

Ein Zweites: Wer ein bewusstes Miterleben der Taufe empfiehlt, um sich später an sie erinnern zu können, muss die entscheidenden Feste in seinem Leben eigentlich Jahr für Jahr ausfallen lassen. In der Mehrzahl der Fälle erinnern wir uns jedes Jahr neu an Ereignisse, die wir gerade nicht bewusst miterlebt haben. Jahr für Jahr feiern wir voller Dankbarkeit gegenüber Gott und seinem gnädigen Handeln unseren Geburtstag, Weihnachten, Ostern usw. Keiner von uns hat seinen Geburtstag oder eines der großen heilsgeschichtlichen Ereignisse bewusst miterlebt. Die Qualität der Erinnerung mindert dies jedoch nicht. Auch ohne ein bewusstes Miterleben erinnern wir uns an den verschiedenen Jahrestagen der Güte Gottes, die er in unserem Leben und für alle Welt erwiesen hat. Erinnerung ist nicht an ein Miterleben gebunden. Wer die Taufe als Säugling empfangen hat, kann sich an das Geschenk der Taufe ebenso erinnern wie jemand, der erst als Erwachsener getauft worden ist.

> *Erinnerung ist nicht an ein Miterleben gebunden.*

Erinnerung heißt Ver-inner-lichung, und Vergegenwärtigung heißt, etwas Vergangenes in die Gegenwart hereinzuholen und sich dankbar des Geschehenen vergewissern zu lassen: Ja, ich bin getauft. Ich gehöre zu Gott. Er hat sich mit seinem Namen an meinen Namen gebunden. Mit Jesus Christus bin ich gestorben. Ich werde auch mit ihm auferstehen und ewig zusammen sein.

34. Ist es biblisch angemessener, Kinder zu segnen, anstatt sie zu taufen?

Kinder zu segnen, macht uns Jesus nicht nur vor. Es gibt kaum einen größeren Segen, den wir unseren Kindern zukommen lassen können, als ihnen Gottes gutes Wort zuzusprechen, also sie zu segnen. Allein, Kinder zu segnen hat direkt überhaupt nichts mit der Frage einer Kindertaufe zu tun. Wir dürfen nicht Äpfel mit Birnen vermischen. Die Kindersegnung ist keine Alternative zur Kindertaufe. Beides ist von Jesus gewollt und geboten, die Taufe und der gegenseitige Segenszuspruch. So sollen wir unsere Kinder selbstverständlich segnen und segnen lassen. Segnen können wir unser Kind schon vor der Geburt im Mutterleib, wenn wir es nach der Geburt in Empfang nehmen und willkommen heißen, jeden Abend an seinem Bett, wenn wir es durch die Wohnung tragen, weil es nicht zur Ruhe kommt, beim Stillen und in vielen Situationen mehr. Im Gegensatz zur einmaligen Taufe ist der Zuspruch des Segens nicht nur wiederholbar, sondern das Beste, was wir vielfach und vielfältig unserem Kind im Namen Gottes zukommen lassen können. Natürlich dürfen Eltern auch die Paten, Freunde oder in Anlehnung an Jakobus 5,14 Verantwortliche aus der Gemeinde darum bitten, ihr Kind zu segnen. Nur hat all dies nichts mit der Taufe oder einem Ersatz für die Kindertaufe zu tun.

Aus diesem Grund sollten Gemeindeverantwortliche auch mit einer Kindersegnung im Gottesdienst

Die Kindersegnung ist keine Alternative zur Kindertaufe.

zurückhaltend sein, bei der alles, von den Paten bis zu einer Segenskerze o. Ä., vergleichbar mit einer Kindertaufe abläuft, nur dass das Wasser fehlt. Aber nicht, weil solch eine Kindersegnung unbiblisch wäre – im Gegenteil. Aber durch die Ähnlichkeit mit einer von den Eltern gerade nicht gewollten Kindertaufe würde die Taufe abgewertet. Man würde der Gemeinde damit indirekt vermitteln, dass der Segen das Entscheidende bei der Taufe sei – anstatt die durch den Tod hindurchreichende Verbundenheit mit dem dreieinigen Gott. Man signalisiert sogar noch grundsätzlicher, dass überhaupt alles auf Gottes irdischen Segen und sein Bewahren ankommt und dass alles, was mit Tod und Ewigkeit zu tun hat, nur unnötig kompliziert und schrecklich ist. Mit einer der Kindertaufe vergleichbar gefeierten Kindersegnung wird weiter zum Ausdruck gebracht, dass die Taufe ein Bekenntnis des Täuflings sei – und keine alleinige Gabe Gottes. Schließlich wird der Eindruck vermittelt, wir wüssten besser als Jesus selbst, was sein Wille und für die Kirche gut sei, indem wir sein Gebot der Taufe zurückstellen – obwohl die Erfüllung des Taufbefehls gefragt ist.

Tatsächlich täte es unseren Gottesdiensten gut, wenn hier Raum dafür wäre, dass wir einander segnen, dass wir für Menschen in den unterschiedlichsten Lebenssituationen beten und ihnen mit Handauflegung Gottes Segen zusprechen. Hier gäbe es in der Tat noch viele Chancen, auch für die Segnung von Kindern. An dieser Stelle sind solche dringend gefragten Gottesdienstreformen jedoch nicht das Thema. Hier plädieren wir dafür, Kinder vielfach und vielfältig zu segnen, aber nicht als Alternative zur Kindertaufe.

35. Welche Verantwortung haben Eltern und Paten?

Eltern, die ihre Kinder taufen lassen, übernehmen eine große Verantwortung. Sie erklären nicht nur stellvertretend für ihre Kinder, dass diese getauft werden sollen. Sie verpflichten sich auch, das, was ihnen möglich ist, dazu beizutragen, dass ihre Kinder Gott als ihren Vater und Jesus als ihren Herrn und Erlöser kennenlernen. Sie versprechen vor Gott und der Gemeinde, dass sie ihre Kinder in der Ehrfurcht vor Jesus Christus erziehen und sie im Glauben unterweisen. Dazu gehört, dass sie mit ihren Kindern biblische Geschichten lesen, etwa aus einer Kinderbibel. Oder dass sie mit ihnen christliche Lieder singen und mit ihren Kindern beten, abends etwa vor dem Schlafengehen, vor dem Essen und am Morgen, bevor sie aus dem Haus in die Schule oder den Kindergarten gehen. Ganz entscheidend ist, dass Eltern mit ihren Kindern am Gemeindeleben teilnehmen. Das heißt auch, die Angebote der Kinder- und Jugendarbeit wahrzunehmen. Jungschar, Kindergottesdienst, Kinderchor, die Bibelstunde einer Gemeinschaft oder die Sportgruppen des CVJM, vor allem aber der gemeinsame Gottesdienstbesuch sind Möglichkeiten, um als Familie am Gemeindeleben teilzunehmen. Gerade so wird das gelebt, worauf die Taufe angelegt ist: Leben in christlicher Gemeinschaft, Beziehung zu Gott und zu seiner Gemeinde.

Welche Pflichten übernehmen die Paten? – Diese Frage ist eigentlich ganz schnell zu beantworten: Sie

> *Ganz entscheidend ist, dass Eltern mit ihren Kindern am Gemeindeleben teilnehmen.*

übernehmen genau dieselben Pflichten, die auch die Eltern bei der Taufe ihrer Kinder übernehmen. Dass es überhaupt das Amt der Paten gibt, macht deutlich, wie hoch die Verantwortung der Erwachsenen für die ihnen anvertrauten getauften Kinder ist. Kinder dürfen mit ihrer Taufe nicht allein gelassen werden. Selbst wenn die Eltern ausfallen, müssen Verantwortliche da sein, die die Heranwachsenden im Glauben begleiten und für sie beten. Paten haben also nicht zuerst die Pflicht, große Geschenke zum Geburtstag oder zu Weihnachten zu machen, sondern sie sind die geistlichen Begleiter ihrer Patenkinder. Und das längst nicht nur als Ersatzleute, wenn die Eltern ausfallen. Im Gegenteil: Ergänzend zu den Eltern haben die Paten eine ganz wichtige Funktion. Ihre Beziehung zu den Kindern und Jugendlichen ist nicht direkt von Spannungen geprägt, die das Vater- oder Mutter-Kind-Verhältnis ganz natürlicherweise auch hin und wieder belasten. Gerade durch ihre familiäre Distanz haben sie eine besondere Nähe zu den Kindern. Darin liegt eine große Chance in der Begleitung. Paten finden häufig ein offenes Ohr, wenn Eltern längst auf Blockaden stoßen. Gerade in der Zeit der Pubertät gewinnt das Patenamt noch mal eine neue Bedeutung.

> Paten haben also nicht zuerst die Pflicht, große Geschenke zum Geburtstag oder zu Weihnachten zu machen, sondern sie sind die geistlichen Begleiter ihrer Patenkinder.

36. Wie hängen Taufe und Konfirmation zusammen?

Die Taufe ist auf die Konfirmation hin angelegt. Was Eltern und Paten bei der Kindertaufe stellvertretend bekannt haben, spricht der oder die Getaufte bei der Konfirmation selbst aus. Er macht buchstäblich selbst von seiner Seite aus fest, was vorher andere für ihn übernommen haben. Bei der Taufe wird das Ja Gottes zu einem Menschen laut, bei der Konfirmation antwortet der Getaufte mit seinem Amen auf die Verheißung Gottes und lässt sie bewusst für sich gelten. Das wird darin deutlich, dass sich die Konfirmanden mit einem laut ausgesprochenen Ja, das bei keiner Konfirmation fehlen sollte, zu dem Herrn bekennen, auf dessen Namen sie getauft worden sind, und sich anschließend in seinem Namen segnen lassen. So wird deutlich: Die Konfirmanden gehen ihren Lebensweg weiter unter der Verheißung, die ihnen in der Taufe bereits zugesprochen wurde.

> *Bei der Taufe wird das Ja Gottes zu einem Menschen laut, bei der Konfirmation antwortet der Getaufte mit seinem Amen auf die Verheißung Gottes.*

37. Welche Verpflichtung hat die Gemeinde gegenüber getauften Kindern und deren Eltern und Paten?

Eine Kirche, die kleine Kinder tauft, muss sie anleiten, das Geschenk der Taufe auch im Glauben annehmen zu können. Die Gemeinde ist Zeuge jeder Taufe. Denn jede Taufe geschieht öffentlich. Die Gemeinde kann daher nicht so tun, als gehe sie das alles nichts an, was bei der Taufe geschieht und was nach der Taufe möglicherweise nicht geschieht. Eine Gemeinde, die Kinder tauft, hat die Pflicht, dafür Sorge zu tragen, dass die getauften Kinder in den Lebensvollzügen aufwachsen, die zu einer Taufe gehören. In dem Maße, wie Eltern immer weniger in der Lage sind, ihre Kinder christlich zu erziehen, ist die Gemeinde gefordert. Sie trägt insbesondere eine gemeindepädagogische Verantwortung: Wer tauft, muss lehren und begleiten.

Eine Konsequenz: Wer Kinder tauft, muss evangelisieren. Das heißt, Kindern muss der Weg zum Glauben gezeigt werden. Was heißt eigentlich glauben? Wie geht das? Wie betet man? Und was ist das für ein Gott, zu dem wir beten? Überhaupt, wie sieht ein christliches Leben aus? – All das muss Kindern altersgemäß vermittelt werden. Sie müssen in die Lage versetzt werden, auf ihre Taufe antworten zu können. Wir wollen es deutlich sagen: Eine Gemeinde, die sich dieser Aufgabe entzieht, macht sich schuldig an ihren getauften Kindern.

> *Wer Kinder tauft, muss evangelisieren.*

Kinder- und Jugendarbeit müssen daher so gestaltet werden, dass sie Glauben wecken.

Eine zweite Konsequenz: Taufseminare für Eltern und Paten. Viele Eltern und Paten empfinden das nicht als Pflicht, zu der sie verdonnert werden, sondern als ein Angebot, das sie dankbar annehmen. Wie kann ich mein Kind erziehen? Welche Gebete kann ich sprechen? Welche Lieder gibt es? Wie gestalte ich sinnvoll kleine Rituale mit meinen Kindern? Welche biblischen Geschichten eignen sich zum Erzählen? Welche Bücher sind hilfreich? – All das kann in Taufseminaren, die das Taufgespräch mit dem Pfarrer nicht ersetzen, aber ergänzen, angesprochen werden.

Taufseminare für Eltern und Paten.

Eine dritte Konsequenz: Tauferinnerung pflegen. Manche Gemeinden schenken ihren getauften Kindern zu den ersten fünf Tauftagen eine Kleinigkeit: einen Brief, einen Gruß, ein Spiel, eine Karte, eine Kinderbibel. Dazu eine Einladung in die Krabbelgruppe, die Kinderbibelstunde, die Kinderkirche oder die erste Jungscharstunde. Solche Initiativen helfen, um den Tauftag zu pflegen und die Kinder in Kontakt zur Gemeinde zu halten. Freilich braucht es dazu nicht nur den Pfarrer oder die Pfarrerin, sondern eine ganze Reihe von Ehrenamtlichen. Aber gerade dazu ist Gemeinde da: dass wir einander in den Blick nehmen. Es hilft nichts zu klagen, dass man die Tauffamilien wohl erst wieder bei der Konfirmation im Gottesdienst sieht. Es hilft vielmehr anzupacken und auf die Familien zuzugehen, immer wieder neu, einladend, werbend, helfend. Gerade Gemeinschaften und

Tauferinnerung pflegen

CVJMs haben hier besondere Chancen und ein großes Aufgabenfeld.

Eine vierte Konsequenz: Patenschaften aus der Gemeinde. Gerade wenn Eltern und Paten wenig vom Glauben wissen und weitergeben können, ist es hilfreich, wenn eine Person aus der Gemeinde für diese Familie

Patenschaften aus der Gemeinde.

Verantwortung übernimmt und sie begleitet. Diese Paten besuchen die Kinder regelmäßig, vermitteln ihnen grundlegende Inhalte des Glaubens und nehmen sie etwa mit zu Kindernachmittagen und Familiengottesdiensten. Natürlich erfordert eine solche Patenschaft von denen, die sie übernehmen, ein hohes persönliches Engagement über eine lange Zeit und von der Familie eine prinzipielle Offenheit für die Gemeindearbeit.

Grundlegend müssen wir festhalten: Die Taufe von Kindern verpflichtet zum Gemeindeaufbau. Und dieser Gemeindeaufbau ist grundsätzlich von der Taufe her zu gestalten. Getaufte Kinder und Erwachsene sind auf ihre Taufe anzusprechen, denn daraufhin sind sie ansprechbar –

Die Taufe von Kindern verpflichtet zum Gemeindeaufbau.

und damit auf Jesus Christus, der für sie gestorben und auferstanden ist und ihnen Anteil an seinem Leben schenkt. Die Frage ist an alle Getauften zu richten: Bist du nur getauft – oder glaubst du auch?

38. Kann eine Taufe verweigert werden?

So sehr wir hervorheben müssen, dass die Taufe von Kindern biblisch wohl begründet ist, so deutlich müssen wir auch sagen: Es gibt Fälle, in denen eine Taufe offenkundig nicht zu verantworten ist. Eben gerade dann, wenn Eltern und Paten, aber auch die Gemeinde ihrer Verantwortung gegenüber den Kindern nicht gerecht werden. Manche Eltern bekennen sich offen als Atheisten oder distanzieren sich deutlich von der Gemeinde, wollen aber dennoch ihre Kinder getauft haben. Eine solche Taufe, die absehbar nicht in dem von der Bibel gewiesenen Zusammenhang geschehen würde, ist abzulehnen.

Es gibt Fälle, in denen eine Taufe offenkundig nicht zu verantworten ist.

Zwar sollten alle Möglichkeiten der Begleitung und Patenschaft genutzt werden, um dem Kind eine Taufe zu ermöglichen. Ist die Ablehnung aber offenkundig, sollten Pfarrerinnen und Pfarrer den Mut haben, eine Taufe abzulehnen. Das birgt zwar Konfliktpotenzial, ist aber konsequenter, ehrlicher und vor allem der biblischen Praxis entsprechender als eine halbherzige Taufe, womöglich mit schlechtem Gewissen.

39. Wie ist eine Wiedertaufe zu beurteilen?

Die Taufe ist einzigartig und sie ist einmalig. Im Unterschied zum Abendmahl, das wir immer wieder – und am besten immer öfter – gemeinsam feiern, erleben wir das Sakrament der Taufe exakt nur einmal. Das liegt daran, dass Gott in der Taufe handelt. Wenn wir das wirklich ernst nehmen, dann ist die Taufe wirklich nicht wiederholbar. Es ist auch gar nicht nötig, sie zu wiederholen. Denn die Taufe hängt ja tatsächlich nur von Gott und seinem Handeln ab – nicht davon, wie ich mich als Täufling dabei gefühlt habe, wie fest ich geglaubt habe, wie glaubwürdig der taufende Pfarrer oder wie fromm die damals anwesende Gemeinde war. Nein, jede Taufe, die im Namen des Vaters und des Sohnes und des Heiligen Geistes mit Wasser durchgeführt wird, gilt. Dafür steht Gott mit seinem Namen gerade.

Jede weitere Taufe würde aber die vorausgehende für ungültig erklären. Sie würde Gottes Handeln als nichtig deklarieren. Ja, sie würde Gottes Wort für ungültig erklären. Das ist der tiefe Ernst, warum es nur ein deutliches Nein zu einer Wiedertaufe geben kann.

Ich verstehe, dass manche junge Christen irgendwann merken: »Jetzt glaube ich erst wirklich. Mein Glaube vor einigen Jahren hatte schwere Defizite. Eigentlich habe ich gar nicht richtig geglaubt.« Oder einige sagen auch: »Meine Säuglingstaufe, die habe ich nicht wirklich bewusst erlebt, deshalb will ich mich nochmals richtig taufen lassen.« Manche sagen auch: »Damals, als ich mich taufen ließ, da habe ich noch diese oder jene Sünde begangen. Jetzt bin ich weiter, und deshalb will ich mich jetzt richtig taufen lassen.« – Dazu müssen wir sagen: Ja, wir verstehen diese Einwände. Unsere Erfahrung, auch unsere Glaubenserfahrung, drängt auf eine Tauferfahrung. Der Punkt ist nur: Die Taufe hängt nicht an unserer Erfahrung. Im Gegenteil: Die Taufe ist der Anker, an den sich unsere Erfahrung halten kann. Dieser Anker gründet nicht in uns, in unserer geistlichen Reife oder im bewussten Miterleben – nein, die Taufe gründet allein in Jesus Christus. Deshalb können wir uns wie Luther an unserer Taufe wieder aufrichten, wenn unsere Erfahrung uns von Jesus wegziehen will.

Mache ich die Gültigkeit meiner Taufe von meiner Gläubigkeit, von meinem jeweiligen Gemütszustand, von meiner mehr oder weniger frommen Gefühlslage abhängig, dann müsste auf jede »Wiedertaufe« immer wieder neu eine »Immer-wieder-Taufe« folgen. Weil ich immer wieder schuldig werde, weil ich meine Gefühlslage immer wieder hinterfragen kann und muss, weil meine Erfahrung nie gewiss ist, bräuchte ich immer wieder eine neue Vergewisserung. Gerade diese finde ich aber nicht in immer neuen Taufen, sondern indem ich mich an meiner einen Taufe freue, die in Christus und eben nicht in mir gründet. Die Wiedertaufe ist insofern nicht Ausdruck eines besonderen Glaubens, sondern sie ist aus dem Zweifel geboren: Letztlich traue ich Gott nicht zu, dass er an mir und für mich handelt, bevor ich etwas für ihn getan oder empfunden habe.

Das Neue Testament stellt unmissverständlich dar: Es gibt nur eine Taufe, wie es nur eine Gemeinde und einen Gott gibt (vgl. Epheser 4,4-6). Eben weil die Taufe in unserem einen Herrn gründet, kann es nur eine geben. Wer eine gültige Taufe infrage stellt, der stellt Gott selbst infrage.

Deshalb ist es besonders schmerzlich, dass manche freikirchlichen Gemeinden auf einer zweiten Taufe beharren, auch wenn ein Christ zu ihnen kommt, der bereits getauft ist. Es bleibt eine wichtige Aufgabe, um die gegenseitige Anerkennung der Taufe zu ringen – um der Einheit der Gemeinde willen.

> *Wer eine gültige Taufe infrage stellt, der stellt Gott selbst infrage.*

Bleibt noch die Frage für Betroffene: Was soll ich tun, wenn ich mich schon habe wiedertaufen lassen? Hier raten wir zur Gelassenheit, wenn der Schritt zur Wiedertaufe in einer bestimmten Lebenslage zustande kam, ohne die biblischen Zusammenhänge recht zu bedenken. Gottes Güte ist hier größer, auch größer als das Kirchenrecht, das eine Wiedertaufe zu Recht verurteilt. Freu dich an der Gnade, die dir in der Taufe zugesprochen ist, und lehre ab jetzt biblisch.

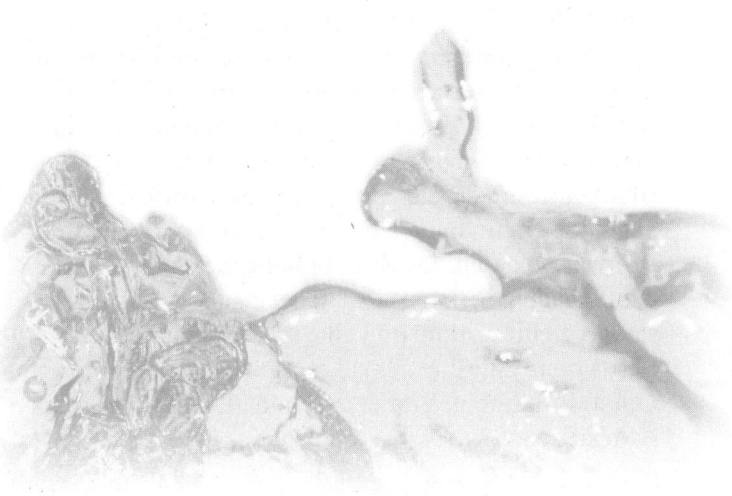

40. Wie können wir die Tauferinnerung gestalten?

Völlig zu Recht ist die Tauferinnerung in jüngster Zeit wieder mehr zum Thema geworden. Unser Glaube lebt davon, dass wir uns an unsere Taufe erinnern und damit an den Grund unseres Heils: Ohne Erinnerung an die Taufe gibt es kein Leben aus der Taufe. Das gilt für jeden einzelnen Christen persönlich genauso wie für die ganze Gemeinde. Es ist daher nur zu begrüßen, wenn wir kreative Ideen entwickeln, um die Taufbotschaft neu zu sagen und zu hören.

Dass mit Kindern der Tauftag gefeiert werden kann, darauf haben wir schon hingewiesen. Allerdings tut das auch den Erwachsenen gut. Die Taufkerze anzünden, den Denkspruch bedenken, sich vielleicht sogar durch ein kleines Geschenk gegenseitig an das große Gottesgeschenk erinnern – das können Impulse für das Familienleben sein.

Das Gemeindeleben indessen wird zunächst durch jede Taufe bereichert, die im Gottesdienst stattfindet. Die Taufe gehört dabei in aller Regel in den Gemeindegottesdienst und nicht in den separaten Taufgottesdienst, der abgesehen von den Tauffamilien häufig unter Ausschluss der Öffentlichkeit stattfindet. Gerade weil die Taufe in die Gemeinde hineinführt, soll der Täufling auch von der Gemeinde willkommen geheißen werden. Und das geschieht am besten im Gottesdienst. Allen Christen wird dabei neu bewusst, dass sie selbst aus ihrer Taufe und dem in Christus geschenkten Heil leben.

Darüber hinaus gibt es besondere Tauferinnerungsgottesdienste, in denen häufig das Element Wasser nochmals eine besondere Rolle spielt. Das kann hilfreich sein, wenngleich etwa Symbolhandlungen wie das Bekreuzigen mit Wasser nur ein schwaches Zeichen für die mächtige Zusage sind, die uns in der Taufe gegeben ist.

Schließlich versuchen manche Tauferinnerungsfeiern, die eigene Taufe durch Untertauchen für einzelne nacherlebbar zu machen und so das »Erfahrungsdefizit« der Säuglingstaufe einzuholen. Solche Praktiken freilich sind sehr zu hinterfragen, gehen sie doch so weit, dass die Tauferinnerung einer Taufe zum Verwechseln ähnlich wird. Hier gilt der Grundsatz: Tauferinnerung ja, aber bitte keine Taufimitation! Sonst droht der Unterschied zwischen Tauferinnerung und Wiedertaufe zu verschwimmen. Kurioserweise gibt es freikirchliche Stimmen, die eine solche Tauferinnerung als Erwachsenentaufe anerkennen wollen, obwohl sie innerhalb der Landeskirche stattfand und deshalb freilich nicht als Taufe verstanden worden war. Eine Klarheit in der Form ist hier erst noch zu finden.

Tauferinnerung ja, aber bitte keine Taufimitation!

Eine Erinnerungsform entspricht der Taufe ohnehin am besten. Sie wurde bereits mehrfach erwähnt. Es ist der Zuspruch des Evangeliums: »Jesus Christus ist für dich!« Laut wird dieser Zuspruch in einer schriftgemäßen Predigt, im stiftungsgemäß gefeierten Abendmahl und im vertrauten Gespräch zwischen zwei oder drei Gemeindegliedern, die sich gegenseitig den Segen Gottes zusprechen.

Jesus spricht:

»Mir ist gegeben alle Gewalt im Himmel und auf Erden.
Darum gehet hin und machet zu Jüngern alle Völker:
Taufet sie auf den Namen des Vaters und des Sohnes
und des Heiligen Geistes und lehret sie halten alles,
was ich euch befohlen habe. Und siehe, ich bin bei euch
alle Tage bis an der Welt Ende.«

Matthäus 28,18-20

Theologie mit Herz
Das Bengelhaus in Tübingen

Das Albrecht-Bengel-Haus in Tübingen begleitet vorwiegend Studierende der Evangelischen Theologie. Etwa 130 angehende Pfarrerinnen und Pfarrer und Lehramtsstudierende werden von sechs Lehrern unterrichtet und auf die Berufspraxis vorbereitet. Das ABH ist ein eingetragener Verein, der von einem großen Freundeskreis aus dem Pietismus getragen wird.

Der Name **Johann Albrecht Bengel** (1687–1752) steht für ein Programm. Bengel war einer der führenden Theologen seiner Zeit. Er hat Bahnbrechendes für die Auslegung des Neuen Testamentes geleistet. Gleichzeitig gehörte er der damals entstehenden pietistischen Bewegung an, die für eine Erneuerung der evangelischen Kirche durch Gottes Wort und gelebte Christusnachfolge eintrat. Sein Name ist bis heute richtungweisend: Im Bengelhaus geht es um gründliches theologisches Studium verbunden mit der Praxis des Glaubens, der Liebe zu Jesus und dem Dienst für seine Gemeinde.

Die Arbeit des Bengelhauses gliedert sich in drei Säulen:

1) Studienbegleitung

Die evangelische Theologie ist seit dem Zeitalter der Aufklärung in eine tiefe Grundlagenkrise geraten: Ist die Bibel wirklich Gottes Wort? Ist Jesus aus Nazareth wirklich Gottes Sohn? Kann man ernsthaft an die leibliche Auferstehung glauben? Darf man auf die Wiederkunft Jesu Christi hoffen? Fragen über Fragen, die über einen Theologiestudenten hereinbrechen. Die Studienleiter und Assistenten des Bengelhauses beraten die Studierenden, halten Vorlesungen, Seminare, Übungen und Repetitorien. Sie vertiefen Studieninhalte. Sie ergänzen durch ihre Lehrveranstaltungen Inhalte, die an der Universität nicht vorkommen und sie bieten dort Korrekturen, wo Glaubensgrundlagen in Frage gestellt werden, indem sie biblische Denkwege aufzeigen und dabei argumentative Hilfen geben.

2) Gemeinsames geistliches Leben

Die Studentinnen und Studenten sollen Hilfe und Anleitung in ihrem persönlichen geistlichen Leben finden: Andachten, Abendmahlsgottesdienste, Missionsgebetskreise etc. geben hierzu Impulse. Zudem steht für jede Kleingruppe (Konvent) einer der hauptamtlichen Lehrer als Seelsorger und Berater zur Verfügung.

3) Gemeindepraxis

Theologen erfahren es besonders schmerzlich: Man verliert rasch den Kontakt zur praktischen Gemeindearbeit. Viele haben zuhause in der Jugendarbeit, dem Kindergottesdienst und in andern Bereichen der Gemeindearbeit mitgeholfen. Mit dem Studium brechen solche Kontakte oft ganz ab. Sicher, die Konzentration auf das Studium ist wichtig. Dennoch darf das Ziel nicht aus den Augen verloren werden. Studium ist kein Selbstzweck, sondern Vorbereitung auf die Arbeit als Pfarrer, Religionslehrer oder Missionar. Deshalb gehen die »Bengel« an einigen Wochenenden des Semesters in Gemeinden und gestalten Gottesdienste, Jugendabende und Gemeindenachmittage mit. So bleibt der Kontakt zur »Basis« lebendig und die Studierenden lernen Erwartungen, Freuden und Schwierigkeiten ganz unterschiedlicher Kirchengemeinden kennen.

Steffen Kern

Hoffnungsgeschichten

Hc., 13,5 × 20,5 cm, 128 S.,
Nr. 394.464,
ISBN 978-3-7751-4464-3

Prominente ganz persönlich: Bekannte Personen aus Politik, Wirtschaft, Kirche und Gesellschaft erzählen eine persönliche „HoffnungsGeschichte". Eine Anekdote, ein eindrückliches Erlebnis, eine Kurzgeschichte ... Es sind Geschichten, die das Leben schrieb. Sie machen anderen Menschen Mut zum Leben. Unterhaltsam, persönlich, ermutigend! Lesen Sie Hoffnungsgeschichten von Wolfgang Grupp, Fritz Hähle, Hans-Jochen Vogel, Annette Schavan, Judy Bailey, Ulrich Fischer, Jürgen Gohde u. a.

Bitte fragen Sie in Ihrer Buchhandlung nach diesem Buch!
Oder schreiben Sie an: Hänssler Verlag im
SCM-Verlag GmbH & Co. KG, D-71087 Holzgerlingen.

Steffen Kern

Gott geht mit

Pb., 20,0 × 20,0 cm, 48 S.
Nr. 394.455,
ISBN 978-3-7751-4455-1

Hallo du,

herzlichen Glückwunsch zu deiner Konfirmation! Mit
diesem Buch bekommst du ein besonderes Geschenk zur
Konfirmation. Impulse, die dich ein Leben lang begleiten.
Außerdem kannst du vieles rund um dein großes Fest zur
Erinnerung festhalten: Fotos, deinen Denkspruch, persön-
liche Grüße deiner Gäste und vieles mehr.

Du startest jetzt voll durch ins Leben. Wohin dein Weg dich
führt – du bist nie allein. Gott geht mit dir!

Bitte fragen Sie in Ihrer Buchhandlung nach diesem Buch!
Oder schreiben Sie an: Hänssler Verlag im
SCM-Verlag GmbH & Co. KG, D-71087 Holzgerlingen.